Das Tagebuch von

Ernst Ferdinand Aster

aus dem Jahre 1812

Beiträge zur sächsischen Militärgeschichte zwischen 1793 und 1813

Heft 21

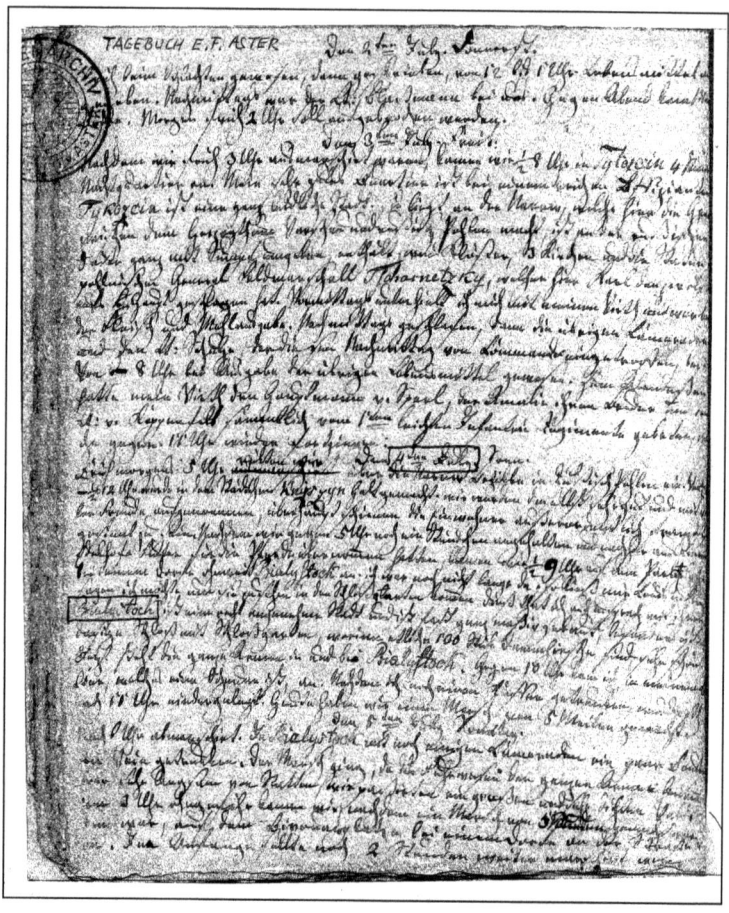

Abb. 01 - Faksimile der Seite mit den Eintragungen vom
02.07. -05.07.1812

Das Tagebuch von
Ernst Ferdinand Aster

aus dem Jahre 1812

mit einem Vorwort von

Ernst-Ludwig von Aster

Bibliographische Information der Deutschen Biliothek

Die Deutsche Bibliothek verzeichnet diese Publikation in der Deutschen Nationalbibliographie; detaillierte bibliographische Daten sind im Internet über http://dnb.ddb.de abrufbar.

Die Deutsche Bibliothek – CIP – Einheitsaufnahme

Jörg Titze (Hrsg.)

Das Tagebuch von Ernst Ferdinand Aster aus dem Jahre 1812

mit einem Vorwort von Ernst-Ludwig von Aster

Herstellung und Verlag: Books on Demand GmbH, Norderstedt, 2012

ISBN 978-3-8482-2294-0

Herstellung und Verlag:

Books on Demand GmbH, Norderstedt

Inhaltsverzeichnis

[6]

Vorwort

Vor 200 Jahren zog die große Armee Napoleons unter Teilnahme eines sächsischen Kontingents in den Krieg gegen das Russland des Zaren. Bei diesen Einheiten standen mehrere Offiziere aus einer alten sächsischen Familie, den Asters.

Im Aster'schen Familienarchiv liegen ausführliche Original-Tagebuchaufzeichnungen von Friedrich Ernst Aster (1786 – 1869) und Ernst Ferdinand Aster (1791 – 1875) für die zeit des Russlandfeldzuges vor. Dank mühevoller Kleinarbeit des Herausgebers war es nun möglich, zunächst die Aufzeichnungen von E.F. Aster aufzuarbeiten.

Dieser wurde am 15.11.1791 in Dresden geboren und trat nach privater Unterrichtung mit 17 Jahren bei der sächsischen Fußartillerie ein. Nach dem Besuch der Artillerieschule stand er als Sous-Leutnant (Patent vom 28.11.1810) bei seinem Regiment.

Seine persönlichen Erinnerungen an den Russland-feldzug hat er für den Zeitraum Februar bis September 1812 in besagtem Tagebuch festgehalten. Nach dem Rückzug der großen Armee führte E.F. Aster während der Belagerung von Dresden das Kommando auf der „Bär"-Bastion. Nach der Völkerschlacht von Leipzig nahm er an den Operationen des Banners gegen Frankreich teil und kehrte Mitte 1814 zunächst nach Dresden zurück. 1815 wurde er nach Köln versetzt, wo er an den Operationen der nun geteilten sächsischen Armee am Rhein und im Elsaß teilnahm. Von 1816 bis 1821 versah E. F. Aster dann Garnisionsdienst in

Dresden und wurde zum Oberleutnant befördert. 1821 nahm er seinen Abschied und war später Steuer-Amts-Einnehmer in Grossenhain.

Ernst Ferdinand Aster starb am 15.03.1875 in Dresden, wo er zuletzt noch 27 Jahre als Pensionär gelebt hatte.

Hinter Louis bzw. Fritzen verbergen sich im Text die Brüder Ernst Ludwig[1] und Friedrich Ernst[2] sowie hinter Jette/Jettchen seine Schwester Henriette.

Ich begrüße es sehr, dass nun nach so vielen Jahren diese Aufzeichnungen eines der Brüder meines Ur-Ur-Grossvaters Ernst Ludwig v.Aster (1778 – 1855) einer interessierten Leserschaft zugänglich gemacht werden, wobei mein besonderer Dank dem Herausgeber Herrn Jörg Titze gilt.

Oyten, im August 2012

Ernst-Ludwig v.Aster

---

[1] Major im Ingenieur-Korps (Patent vom 24.06.1811) und Plankammer-Direktor, machte den Feldzug 1812 im Generalstab mit.
[2] Sous-Lieutenant (Patent vom 08.04.1808, Rgt. Prinz Maximilian), war 1812 Brigadeadjutant beim Generalmajor v.Klengel.

Abb. 02   Porträt von Ernst Ferdinad Aster

[10]

Das Tagebuch

vom 23.02. – 22.09.1812

[12]

Den 23ten Februar, Sonnt:

1812

Heute früh ½ 8 Uhr marschirten wir aus Dresden und ohngefähr ¾ 9 Uhr von dem Platz hinter Schönbrunn, unser Marsch ging, etwas Regen abgerechnet, ganz gut von Statten. Gegen 12 Uhr kamen wir bei Hermsdorf, wo die Wagen aufgefahren wurden, an. Der Stab kam auf den Hof, ich aber nebst 1 UnterOff: 1 Tamb: und 11 Mann nach Lomnitz 1 ½ Stunde von Hermsdorf zu liegen, nach ¼ 3 Uhr kam ich, nachdem ich ½ 1 aus Hermsdorf abgegangen, in meinem Quartier, bei Christian Müller an. Den Nachmitt: und Abend unterhielt ich mich abwechselnd mit dem Wirth, dem Richter und meinem Unteroffizier, dachte auch viel an Dresden und die Meinigen, ½ 9 Uhr wurde zu Bette gegangen.

Den 24ten Februar, Mont:

Gegen 6 Uhr ging ich mit meinem Detachement wieder zurück nach Hermsdorf von wo aus wir nach 8 Uhr abmarschirten der heutige Marsch war 7 Stunden lang und ging über Königsbrück nach Bernsdorf allwo der Stab einquartiert wurde ich kam nebst 1 UnterOff: 1 Tamb: und 16 Canonire ¾ Stunden davon nach Wikkenitz woselbst ich für meine Person auf den Hof zum Herrn Baron v. Löwenklau einem sehr nahen Verwandten der Fräulein v. Götz zu liegen kam. So ein gutes Quartier wird es wohl nicht sobald wieder geben indem der Herr Baron so wie auch die gnädige Frau beides sehr artige und gute Leute waren. Hohenbukke[3] liegt bloß eine Stunde von Wikkenitz wäre ich nicht

---

[3] Hohenbocka

erst gegen 6 Uhr in Wikkenitz angekommen, so würde der Herr Baron mich zu Götzens gefahren haben. Schon von Vormittags 10 Uhr an wartete der Herr Baron in Bernsdorf auf mich und als ich daselbst angekommen u meine Dienstgeschäfte besorgt mußte ich mit ihm auf sein Guth reiten. Diesmal kam ich erst gegen 11 Uhr zu Ruhe.

Den 25ten Februar, Dienst:

½ 7 Uhr ging ich wieder von Wikkenitz nach Bernsdorf. Die Marschroute hat sich verändert anstatt über Hoyerswerda und Spremberg nach Pfördten zu gehen marschiren wir über Senftenberg und Ruhle das Standquartier weiß ich nicht. Gegen 1 Uhr kam ich, so wie gestern, etwas durchnässt, in meinem Quartier Buchwalde einem wendischen Dorfe an. Die Wagen sind noch 1 ½ Stunde weiter hin aufgefahren worden. Ich lag bei dem Dorfrichter in einem von Holtz erbauten Hauße hatte aber ohne meine Erwartung, indem das Ansehen nicht viel versprach, ein sehr gutes Quartier und sehr ehrliche wendische Wirthsleute. Es wird hier ein gutes Deutsch doch blos von den Aeltern gesprochen die Kinder werden erst, nachdem sie Verstand genug besitzen nach Senftenberg in die Schule geschickt um diese Sprache zu erlernen. Gesponnen wird sehr viel in dieser Gegend.

Den 26ten Februar, Mitt:

Mit meinen 56 Mann marschirte ich heute früh ¼ 7 Uhr wieder von Buchwalde ab, durch Senftenberg, nach dem Sammelplatz; ohnweit dieses Platzes wurde sehr guter Wein erbaut. Heute erst erfuhr ich zu meiner großen Aergerniß, daß ich ohne es zu wißen gestern durch Hohenbukke gegangen bin. Wir sind nun in unserm Standquartier nehmlich in und bey Kahlau angelangt von Buchwalde bis Kahlau ist 7 ½ Stunden. Ich liege ½ Stunde von der Stadt auf ziemlich großen Ritterguthe des Herrn von Musch und habe ein sehr gutes Quartier.

Ich speiste den Abend, nachdem ich gegen 6 Uhr angekommen war in Gesellschaft dieses Herrn nebst seiner Frau Gemahlin und Tochter und dem Verwalter, nachher laß der Herr von Musch bis gegen 9 Uhr etwas aus der Geschichte einer Räuberbande vor und dann wurde zu Bett gegangen.

Den 27ten Februar, Donn:

Nachdem ich mein Früstück, welches aus delikaten Caffee mit Butterbemmchen bestand verzehrt und mich angezogen hatte kam der Herr von Mosch mir zu sagen, daß er auch heute zu einem guten Freund reisen müße, er unterhielt sich dann noch eine Weile mit mir als er fort war schrieb ich etwas. Nach dem Essen ritt ich spatzieren und bemerkte ich an meinem Fuchs daß er ein klein wenig stutisch wäre. Der Abend wurde wieder mit Vorlesen zugebracht.

Den 28ten Februar, Freit:

Heute war Bußtag, ich ging daher nach Calau in die Kirche stattete nachher verschiedene Besuche ab erhielt ein Päktchen nebst Brief von der lieben Mutter und ging wieder nach Hauße. Bei dem Essen kam der Trainlieutenant v.Lettow, welcher ein Verwandter der Herrn von Morch war zu uns, als er wieder fortgeritten ging ich mit dem Herrn v.Morch spatzieren und schrieb nachher an die Mutter. Der Abend wurde mit Twisetspielen zugebracht.

Den 29ten Februar, Sonn:

Vormittags beendigte ich meinen Brief und schrieb auch für Meien[4] einen an seine Frau. Nachmittags ritt ich nach Calau und besuchte den Lieutenant Götz und Capitän Sigismund. Nach meiner Rückkehr sagte mir der Herr von Morch daß der König nebst Familie bereits aus Dresden abgegangen und etwas Cavallerie schon in die Nähe des preußischen Städtchens Pechholtz gerückt und es mit Schweden nicht wichtig wäre. Abends las der Verwalter und Herr v.Morch etwas aus den Zeitungen vor.

Den 1ten März 1812, Sonnt:

Bis gegen 11 Uhr las ich, dann kam ein Herr von Heinitz, welcher ein Ritterguth in der Nähe besitzt und ein Verwandter des Oberstlieutenants v. Thielen war, mit dem wir in die Kirche gingen. Nach dem Essen kam noch mehr Besuch nehmlich ein Herr v. Tschartwitz, der Oberstlieut: v.Thielen mit seiner Gemahlin, als diese letztern wieder fort waren wurde von verschiedenem gesprochen und nach dem Essen Twiset gespielt.

Den 2ten März, Mont:

Der Herr von Heinitz schlief mit in meiner Stube. Vormittags wurde auf die Schäferei gegangen. Zum Mittag aß der Lieutenant v. Lettow bei uns; Nachmittags ging er mit dem Herrn von Mosch auf die Fuchsjagd. Der Abend wurde wie gestern zugebracht.

---

[4] Hiermit wird wohl Unterkanonier May von der 5.Kompanie als sein Offiziersbursche gemeint sein.

Den 3ten März, Dienst:

Vormittags fuhr ich mit den Herrn v. Mosch und Heinitz nach Calau. Nachmittags wurde über verschiedenes gesprochen. Gegen Abend reiste Herr v. Heinitz wieder ab und ich erhielt die unangenehme Nachricht, daß mein Unteroffizier der Corpl: Schmidt[5] in eine Battrie versetzt werden sollte. Abends wurden Zeitungen vorgelesen und nach dem Eßen sich durch Gespräche unterhalten.

Den 4ten März, Mittw:

Vormittags studirte ich. Nachmittags wurde spatziren geritten. Vor dem Essen Abends wurde Lotto gespielt und nach dem Eßen wie gestern.

Den 5ten März, Donn:

Um 9 Uhr ohngefähr ging ich nach Calau, um einige Geschäfte zu besorgen, der Rückweg, welchen ich ½ 12 Uhr antrat war ziemlich unangenehm, indem es heftig schneite und der Wind den Fußsteig ganz verweht hatte, dass ich mich ein paar Mal verirrte. Als ich nach hauße kam, war Besuch angekommen, nehmlich der Inspector Schmeerbauch, welcher auch diese Nacht dableiben wird. Nachmittags half ich ein wirthschaftliches Geschäft verrichten. Abends wurde vor und nach dem Essen Twiset gespielt.

Den 6ten März, Freit:

Bis gegen Mittag studirte ich. Plötzlich erhielt ich ½ 12 die für mich sehr schmerzliche Nachricht, daß wir morgen andere Cantonnirungs-Quartiere beziehen sollten. So ein gut Quartier wie das jetzige werde ich

---

[5] Corporal Lebrecht Schmidt, 3.Kompanie

wohl sobald nicht wieder bekommen, da meine Wirthsleute ganz vortreffliche Menschen sind; wie weh thut es nicht, aus dergleichen Quartieren zu gehen. Zum Mittag aß die Frau Major v. Tennekker, meiner Wirthin Schwester, Madam und Mademoisell Schmeerbauch, ein sehr hübsches Mädchen bei uns, sämmtliche Gäste reißten gegen 4 Uhr wieder ab und ich pakte ein. Den Abend wurde über verschiedenes gesprochen.

Den 7ten März, Sonnab:

Nachdem ich ¾ 7 Uhr in Runden Abschied genommen, kam ich ohngefähr ½ 8 Uhr bei Calau an von wo aus gegen 9 Uhr unser Marsch nach Drebkau angetreten wurde, ½ 3 Uhr hatten wir dies neue Stabs-Cantonirungsquartier erreicht. Ich liege eine halbe Stunde davon in Derschen bei einem Guthsbesitzer mit Namen Pontsch. Als ich da angekommen wurde zum Mittag gegeßen, die Tischgesellschaft aus dem Wirthe nebst Frau, ein paar alten ehrwürdigen Matronen, nehml: seiner und ihrer Mutter, dem Sohn des Wirthes und einem jungen Menschen. Den Abend brachte ich in Gesprächen mit meinen Wirthsleuten zu befand mich aber nicht recht wohl indem ich Reißen in Zähnen und auf der ganzen linken Seite des Gesichts, welches ich auch 3 Nächte hindurch gehabt hatte. Von Fritz erhielt ich heute auf dem Parkplatze durch den Oberstlieutenant Hausmann einen Brief.

Den 8ten März, Sonnt.

Diese Nacht habe ich wieder einmal gut geschlafen, indem mir die beiden Mütter von dem Reißen geholfen. Vormittags machte ich das Concept zu einem Brief an Fritzen und trug das was gestern geschehen in das

Tagebuch ein. Nachmittags ging ich ein ¼ Stunde von hier entferntes Dorf um die Lieutenants Schmidt und Schulz zu besuchen als ich daselbst ankam waren sie eben im Begriff nach Drebkau zu fahren, sie luden mich ein mit ihnen ein gleiches zu, welches auch geschah. In Drebkau statteten wir erst Besuch beim Oberstlieutenant Hausmann Capit: Sigismund und Lieutenant Birnbaum ab, dann gingen wir in die Societät, welche in einem kleinen Hauße, daß von außen fast einem Pferdestalle glich, war; hierselbst trafen wir den größten Theil der adlichen und bürgerlichen Gutsbesitzer hiesiger Gegend versammelt an in einem kleinen Neste von Schankstube rauchten die Herren eine Weile Tabak und in einer andern etwas größer unterhielten sich die Damen, dann wurde in der Karte gespielt aber nicht gemeinschaftlich sondern Herrn und Damen appart. Der Capitän von Arnnstorf dem das Städtchen gehörte machte die Hauptperson. Gegen Abend fing das Reißen in meinen Zähnen wieder an ich ging daher zu Hauß und brachte bis zum Schafengehn die meiste Zeit mit Lesen zu.

Den 9ten März, Mont:

Vormitt: schrieb ich an die Mutter. Nach Tische besuchte mir der Lt. Schmidt und Schulze, meine machten sich den Spaß einen als Bär verkleideten Kanonier herumzuführen. Der Abend war wie gestern.

Den 10ten März, Dienst.

Gegen ¾ 11 Uhr ritt ich, nachdem ich zuvor an Fritzen geschrieben spatziren. Nachmittags besuchte ich Lt: Schulze und Schmidt. Abends wurde sich unterhalten. Beim Mittagessen habe ich einen Brief von der Mutter bekommen.

Den 11ten März, Mittw:

½ 11 Uhr ritt ich spatziren, der Fuchs war sehr scheu und ging fast mit mir durch. Nachmittag besuchte ich den Lieutenant Götz in Drebkau. Des Abends vor Tische erzählte mit der Wirth einiges aus seiner und seines Vater Lebensgeschichte und nach Tische spielete ich mit dem Sohn Dahme.

Den 12ten März, Donn:

Vormittags studirte ich. Nachmittags war ich in Laupisch bei dem Lieutenant Schultz seinen Wirthsleute. Abends nach Tische wie gestern.

Den 13ten März, Freit:

Vormittags wie gestern. Nachmittags fuhr ich mit meinen Wirthsleuten nach Drebkau allwo ich einige Besuche machte und meinen Wirthsleuten die Kanonen und Wagen zeigte. Den Abend wurde sich durch Gespräche unterhalten.

Den 14ten März, Sonn:

Früh wie gestern. Um 11 Uhr erfuhr ich, daß ich auf Morgen nach Calau zum Futterfaßen commandirt wäre. Nachmittags ging ich in Gesellschaft des Lieutenant Schulze nach Drebkau um mich zu melden besuchte auch einige Offiziers. Als ich wieder nach Hauße kam fand ich meines Wirthes Bruder, welcher zu Besuch da war und mit dem wir uns den Abend über unterhielten. Heute habe ich, da der guten Mutter ihr Geburtstag ist, sehr öfters nach Hauße gedacht.

Den 15ten März, Sonntag

Früh ¾ 4 Uhr ging ich nach Drebkau und ¼ 5 Uhr fuhr ich in Gesellschaft einer Mademoiselle, des Unteroffiziers und eines Couruiers nach Calau woselbst ich nach 7 Uhr ankam, nachdem alles zur Fassung besorgt war besuchte ich den Oberpfarrer speißte dann zum Mittag im Gasthof und machte mich gegen 2 Uhr wieder auf den Weg, meldete mich beim nach meiner Ankunft bei dem Obristlieutenant Hausmann, von dem ich erfuhr, daß wir 50 Thlr. bekämen[6], besuchte den Lieutenant Götze und ging nachher in die Societät; hierselbst amüsirte ich mich, meiner Zahnschmerzen wegen nicht sehr. Der Nachhauseweg welchen ich gegen 10 Uhr in Gesellschaft meiner Wirthsleute antrat war in verschiedener Hinsicht schreklich.

Den 16ten März, Mont:

Vormittags studirt. ½ 2 Uhr marschirte ich mit meinem Detaschement an das Drebkauer Schießhaus, um die neuen Gewehre zu probieren, nachher ging ich einige Geschäfte zu besorgen in die Stadt und gegen 6 Uhr mit meinem Wirth wieder nach Hauße. Der Abend wurde mit Lesen zugebracht.

Den 17ten März, Dienst:

Vormittags wie gestern. Da meiner Wirthin Geburtstag heute war so aß der Bürgermeister aus Drebkau nebst Frau bei uns. Nachmittags ritt ich mit dem Lieutenant Schulze spatziren wobei mich mein Fuchs so absattelte,

---

[6] Gemäß königlichem Befehl vom 14.03.1812 erhielten die Capitäns und Leutnants eine Gratifikation von 50 Thalern, um sich für den bevorstehenden Feldzug einzurichten.

daß mir Maul und Nase blutete. Abends wurde dann gespielt und gelesen.

Den 18ten März, Mittw:

Vormittags wie gestern. Da mein Wirth morgen mit mir nach Cottbus fahren will, so ging ich heute Nachmittag nach Drebkau um mir Urlaub auszubitten, welchen ich auch erhielt. Den Abend erwarteten wir noch Einquartierung; es kam aber keine.

Den 19ten März, Donn:

Früh 8 Uhr fuhren wir nehml: mein Wirth und ich nach Cottbus woselbst wir nach 10 Uhr ankamen. Nach unserer Ankunft wurden sogleich einige Gläser Wein getrunken dann, nachdem wir uns ein wenig umgesehen, in den Gasthof zum Eßen gegangen, nachher die Stadt und die Vorstadt etwas genauer angesehen und endlich gegen 3 Uhr wieder nach Lorschen abgefahren woselbst wir gegen 5 Uhr ankamen. Abends sich unterhalten.

Den 20ten März, Freit:

Vormittags wurde ich nach Drebkow um meinen Fuchs gegen ein anderes Pferd zu vertauschen. Nachmittags besuchte mich der Lieutenant Birnbaum, Tippmann und der Rechnungsführer Gottschalk. Gegen Abend fing ich meinen Brief an die Mutter an. Ohngefähr gegen 6 Uhr kam ein Commando Train Soldaten von Dresden hierher nach Lorschen zu liegen. Der Corporal Küter ist mit in meinem Quartier.

Den 21ten März, Sonn:

Vormittags beendigte ich meinen Brief an die Mutter. Zum Mittag kam meinen Wirths ältester Sohn von der

Universität um die Osterferien hier zuzubringen. Nachmittags ritt ich mit dem Lieutenant Schulze nach Auras zu dem Lieutenant v.Hofmeister von wo wir gegen 5 Uhr zurükkamen. Der Abend wurde mit Gesprächen zugebracht.

Den 22ten März, Sonnt:

Vormittags ging ich mit meines Wirthes älstesten Sohn nach Laupisch in die Kirche. Als ich zu Hauße kam fand ich den Corporal Küter, welcher früh 6 Uhr abmarschirt war, wieder in dem Quartier. Nachmittags las ich. Gegen Abend bekam ich einen Boden, welcher mich auf morgen zum Grafen von Beust einlud. Die übrige Zeit sich durch Gespräche unterhalten. Diesen Abend hat es sehr geschneit.

Den 23ten März, Mont:

Früh ½ 10 Uhr lies mich unser Wirth in seinem Wagen nach Drebkow bringen woselbst ich einen Brief von der lieben Mutter in Empfang nahm und erfuhr, daß wir auf den Donnerstag in die Gegend von Peitz rükken werden. ½ 12 Uhr fuhr ich in Gesellschaft des Capitain Sigigsmund und Oberregimentschirurg Günz nach Buchholz zum Grafen von Beust daselbst wurden wir sehr gut aufgenommen besonders hatte die Frau Gräfin eine außerordentliche Freude als sie mich sah. Die Tischgesellschaft bestand aus dem Grafen nebst seiner Frau Gemahlin, dem Hauptmann von Arenstorf, Capitäin Sigismund, Capitäin von Kökkeritz nebst Bruder, PremLt: Birnbaum und Schmidt, Oberregimentschirurg Günz, SousLt: von Lettow, Schulze und noch ein paar Civilpersonen. Nach dem Caffee zeigte uns der Herr Graf seine Bibliothek und Kupferstiche; die übrige Zeit wurde gespielt. Nach 10

Uhr fuhren wir wieder weg. Beim Abschied umarmte und küßte mich die Frau Gräfin. Ohngefähr ½ 12 Uhr kamen wir wieder in Drebkau an von wo aus ich bei tiefen Schnee gegen 12 Uhr wieder in meinem Quartier zu Fuße ankam. Der Corporal Küter ist dießen Morgen nach Dresden abmarschirt.

Den 24ten März, Dienst:

Früh morgens nach ¼ 5 Uhr erhielt ich den Befehl mich sogleich auf den Weg nach Kalau zu machen um Fourage zu faßen, da der Lieutenant Ekkert krank geworden wäre; ½ 6 Uhr ging ich daher von Lorschen ab, nahm von Dorf zu Dorf Boten, mußte sehr im Schnee waden und kam nach 10 Uhr in Kalau an; daselbst kehrte ich erst einmal in den Gasthof ein, besprach mich mit meinem Feuerwerker und Fourier, speißte dann beim Herrn Oberpfarrer Fabricius und fuhr gegen 2 Uhr wieder ab. Wir mochten ohngefähr ¾ Stunde gefahren sein, so schmiß der Wagen um und wir lagen alle im Schnee. In der Zeit als da er wieder bepakt wurde ging ich immer bis nach Byerosen voraus und erwartete ihn daselbst. Gegen 6 Uhr kamen wir ohne weiteren Unfall aber bei sehr schlechten Wetter in Drebkau an. Nachdem ich mich bei dem Oberstlieutenant gemeldet ging ich aber ganz in der Irre da der Fußsteig verweht war wieder nach Lorschen.

Den 25ten März, Mittw:

Vormittags wurde eingepakt. Nachmittags kam der Herr von Gladitz nebst Gemahlin und Mutter auf Besuch nach Lorschen. Des Abends von verschiedenen gesprochen.

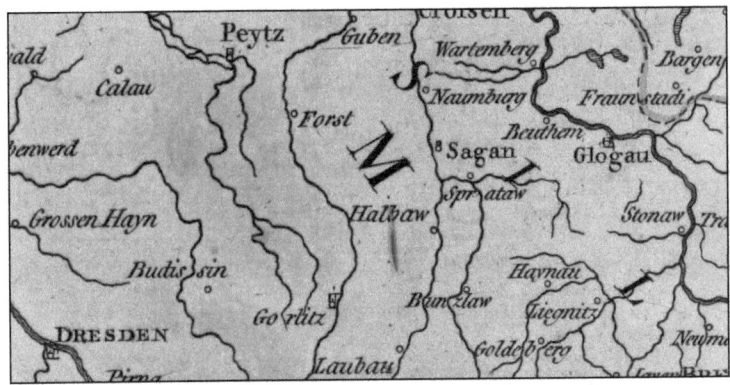

Abb. 03   Dresden, Kahlau, Peitz und Fraustadt

Den 26ten März, Grüner Donn:

Nach 7 Uhr marschirte ich mit meinem Detaschement aus Lorschen nach Drebkow, von wo aus der Marsch nach Peitz unternommen, er ging über Cottbus und war sehr schlecht indem mehrere Wagen im Morast stekken blieben, es sehr stürmisch war und zuweilen heftig schneite und graupelte. Nach 4 Uhr ohngefähr kamen wir in Peitz 6 Stunden von Drebkow an. Nachdem die Wagen aufgefahren waren erhielt ich mein Quartier nebst den Sous Lieut: Eckhart in Taure 1 Stunde von Peitz bei den Landjäger Nitschke. Die Tischgesellschaft es Abends bestand aus den Wirth, seiner Frau, den beiden Söhnen einer Verwandtin und uns beiden.

Den 27ten März, Charfreit:

Um 3 Uhr Nachmittags erfuhr ich dass wir morgen wieder marschiren würden ich pakte daher wieder ein und las dann etwas. Abends durch Gespräche unterhalten.

Den 28ten März, Sonn:

Ohngefähr … Uhr von Peitz nach Forsta 6 Stunden davon, abmarschirt; mein Quartier war in Eula eine kleine halbe Stunde von Forsta bei dem Verwalter, einem Sohn des Hofrath Flek ¾ 3 Uhr kam ich daselbst an. Abends unterhielt ich mich mit dem Schulmeister einem gewesenen Canonier mit Namen Broch.

Den 29ten März, Sonnt: 1ter Osterf:

Der Marsch wurde heute über Pfördten bis Sommerfeldt im Brandenburgschen 5 starke Stunden von Forsta fortgesetzt. Morgen werden wir Rastag hier haben, ich liege in der Stadt mit den Lieutenant Götz in einem Quartier. Nachdem wir gegeßen machten wir Besuche und den Abend brachten wir beim Lieutenant Schmidt und Schulze zu.

Den 30ten März, Mont: 2ter Osterf:

Vormittags war ich mit den Lieutenant Tippmann in der Kirche dann bei dem Apotheker zu Weine. Abends besuchten wir den Rechnungsführer Gottschalk und plauderten daselbst bis 9 Uhr.

Den 31ten März, Dienst: 3ter Osterf:

Heute wurde bis Naumburg 5 Stunden von Sommerfeld marschirt. Diese schlesische Stadt liegt an der Bober der sächsischen Christianstadt welche wir auch paßirten gegenüber; die Gegend fängt an weit schöner wie sie bisher gewesen, zu werden. Diesmal hatte ich bei einem gewissen Kaufmann Sturm ein sehr gut Quartier. Nachmittags besuchte ich den Lieutenant Götz, welcher mit mir in einem Hauße lag. Abends wurde in die Societät gegangen.

Den 1ten April 1812, Mittw:

Der heutige Marsch war blos 3 Stunden weit nämlich bis Langenhermsdorf in Schlesien. Ich wurde nach Reinshain ½ Stunde davon detaschirt und lag daselbst bei einem Bauern. Es giebt hier außerordentlich lange Dörfer. Nach dem Essen besuchte ich die übrigen Offiziers, welche in Langenhermsdorf bei dem Oberamtmann liegen und ging gegen 5 Uhr wieder auf mein Dorf. Morgen werden wir hier Rasttag haben.

Den 2ten April, Donn:

Plötzlich erhielt ich gegen 8 Uhr die Ordre punkt 10 Uhr mit meinem Detaschement in Langenhermsdorf einzutreffen um nach Niederherzogswalde 2 Stunden davon zu marschiren. Gegen 12 Uhr wurde vom Platze abgefahren und um 3 Uhr bei Niederherzogswalde aufgefahren. Ich kam nebst allen übrigen Offiziers nach Oberherzogswalde 1 Stunde davon zum Freiherrn v. Dyherrn. Es war daselbst alles sehr schön eingerichtet ging aber ziemlich steif und genirt zu.

Den 3ten April, Freit:

Früh morgens 6 Uhr ritten wir wieder auf den Platz wo die Wagen aufgefahren waren, von da marschirten wir indem uns Freystadt[7] rechts liegen blieb, nach Neusaltz an der Oder paßirten daselbst die sächsische Schiffbrükke, und setzten unsern Marsch noch bis Carolath, 7 Stunden von Niederherzogswalde und 2 Stunden von Neusaltz, fort. Dieses Cärolath ist ein herrliches Gut und gehört dem Fürst von Schönaich. Sämmtliche Offiziers liegen daselbst ich aber 1 Stunde

---

[7] Fraustadt

davon in Hohenbohra bei dem Richter. Dieses Dorf ist dem nehmlichen Fürsten zugehörig. Auf unsern heutigen Marsch haben wir eine außerordentliche Menge Windmühlen gesehn und viel Sand gehabt.

Den 4ten April, Sonnab:

Heute war unser Marsch 7 Stunden weit nehml: von Carolath über Schlawa nach Sahlisch ein dem Baron v. Ohlau zugehöriges Gut ich wurde 1 Stunde davon nach Linden detaschirt wo ich nebst dem Lieutenant von Linsing vom Regiment König bei einem Herrn von Kinsky, welcher Verwalter auf diesem Gute war, lag. Nachdem ich gegessen machte ich dem Herrn Hauptmann von Bünau, der auch in diesem Dorfe lag, meine Aufwartung. Fritzen habe ich heute vor Schlawa zum erstenmal gesehen, wir freuten uns beide sehr; er ritt mit mir bis in die Stadt und verließ mich dann wieder um in sein Quartier zu gehen.

Den 5ten April, Sonnt:

Früh morgens nach 8 Uhr ohngefähr rükten wir über die schlesisch pohlnische Grenze marschirten dann über Fraustadt, wo 99 Windmühlen stehn, nach Caube 7 Stunden von Sahlisch. Ich kam nach Laschewitz ¾ Stunde davon nebst dem Hauptmann Sigismund zum Dorfrichter ins Quartier. Nachmittags besuchte uns der Herr Pastor ein sehr artiger bei dem der Major v. Tenneker im Quartier liegt. Abends las ich. Fritz überholte uns heute vor Fraustadt mit seinem General.

Den 6ten April, Mont:

Anfangs sollten wir bloß bis Lissa 2 ½ Stunde von Laube marschiren allerdings nach der Hälfte des Weges kam Louis, den ich aber weil ich hinten war nicht gesehen dem Park entgegen und brachte die Nachricht daß wir noch nach Lostin 8 Stunden weit marschiren oder vielleicht gar bivouaqiren müßten. Nachdem wir 3 Stunden über Lissa einer leidlichen Stadt deren Einwohner meistens Juden sind, hinaus waren wurde Halt gemacht und die Pferde gefüttert. Der Major von Tennekker in Mannskleider kochte Caffee und traktirte uns damit. Nach 3 Uhr setzten wir unsern Marsch fort und kamen gegen 7 Uhr in Köln wo die Wagen aufgefahren wurden an; daselbst warteten wir bis ½ 10 Uhr auf die Quartiere und dann marschirte ich endlich, nachdem ich ½ Stunde auf einen Boten hatte warten müßen in mein ½ Stunde entferntes Quartier Alt Lostin, der Weg dahin war sehr beschwerlich indem es finster und im Walde sumpfig war und wir uns verirrten. Um 11 Uhr kam ich in mein Dorf, daselbst war aber alles im tiefsten Schlaf. Es verging daher eine ziemliche Zeit , ehe ich mein Quartier, welches bei dem Probste war, beziehen konnte, ich fand darinn noch 2 Offiziers vom Regiment Prinz Clemens: nehmlich den Lieutenant v. Kotsch und Müller. Morgen werden wir hier Rasttag haben. Die Straßen in Pohlen haben wir bisher 60 – 80 Schritt breit angetroffen.

Den 7ten April, Dienst:

Gegen 5 Uhr marschirten die beiden Offiziers vom Regiment Prinz Clemens wieder ab und nachmittags kam der Lieutenant August vom Grenadier Bataillon von Liebenau mit in mein Quartier. Es wird in dieser Gegend nur von etlichen Personen deutsch gesprochen es ist dies sehr unangenehm zumal da ich mich nicht mit meinem Wirth unterhalten kann. Anfänglich hieß es wir würden morgen noch hier stehen bleiben aber noch am späten Abend erhielt ich die Ordre morgen früh 7 Uhr bei der Wagenburg einzutreffen um dem Marsch fortzusetzen.

Den 8ten April, Mittw:

Diese Nacht wurde ich um einen Boten ein Atestat zu schreiben aus dem Schlaf gestört. Es wurde heute wie gewöhnlich nehmlich früh 7 Uhr vom Platze abgefahren, wir paßirten verschiedene kleine Städte, wovon Lostin die erste und größte war, vor einem halben Jahr war ein Theil dieser Stadt abgebrannt, welches auch jetzt noch nicht wieder erbaut ist. An demselben Orte verbreitete sich das falsche Gerücht, dass wir bis nach Glogau zurükmarschiren würden. Nachmittags kamen wir wieder durch ein Städtchen wovon ein Theil weggebrannt war. Gegen 5 Uhr kam ich, nachdem wir einen Marsch von 7 Stunden gemacht, in Mokrones meinem Quartier an, ich liege wieder bei einem Geistlichen, die Wagen sind ¾ Stunde weiter bei Wieliowek aufgefahren, ich konnte daher um nicht doppelten Weg zu machen mit der Mannschaft zurückbleiben. Wir sind heute durch verschiedene deutsche Dörfer gekommen. Ob morgen weiter marschirt wird weiß niemand.

Den 9ten April, Donnerst:

Früh 3 Uhr erhielt ich Ordre mich zur Fortsetzung des Marsches um 7 Uhr auf dem Sammelplatz einzufinden, da auf demselben auch noch Brod und Fleisch ausgegeben wurde, so konnte erst ½ 9 Uhr abgefahren werden. Unser heutiges Ziel war eine von 7 Stunden von Wieliowek entfernte Stadt mit Namen Raszkowek von welcher sie wie auch Lobnin das wir paßirten ein Theil weggebrannt war. Den heutigen Marsch hatten wir sehr schlechtes Wetter indem es rauh und stürmisch war auch zuweilen heftig schneite. Als wir gegen 7 Uhr bei Raszkowek angekommen erfuhr ich, daß mein Quartier in Linkobo und noch 1 ½ Stunden weit wäre, ich ging daher mit meinem Detaschement, nachdem das Brod ausgegeben dahin ab und langte gegen 10 Uhr daselbst an. Hier war in dem schönen Schloß alles im tiefsten Schlaf ich mußte bis gegen 11 Uhr haußen liegen ehe ich die Leute aufwekte und in einem großen kalten Saal, da daß Schloß mit Staabsoffiziers schr belegt war, ein Plätzchen erhielt. Es wurden mir ein paar Tassen Caffee gereicht und dann legte ich mich auf das mir von etlichen Stühlen zubereitete Lager. Es gibt in dieser Gegend mehrere von Holländern angelegte Dörfer.

Den 10ten April, Freit:

Ich hatte Befehl den Hauptpark auf meinem Dorfe zu erwarten da mir aber 11 Uhr gesagt wurde daß er eine andere Straße gefahren wäre so marschirte ich mit meinem Detaschement ab und traf ihn auch, weil uns der Bote falsch führte nicht eher als hinter Kalisch wo er aufgefahren war. Das Quartier erhielt ich ½ Stunde davon auf dem Wigrainer Edelhof, woselbst ich ½ 6 Uhr ankam und den Lieutenant Schubert[8] von Regiment Prinz Clemens, welcher auch in diesem Quartier lag, traf. In Kalisch liegt der ganze Generalstab, vermuhtlich werden wir einige Tage stehen bleiben.

---

[8] Gibt es in diesem Regiment nicht, kann der Leutnant v.Schubauer gewesen sein.

Abb. 04   Glogau, Fraustadt und Kalisch (Kallitz)

Den 11ten April, Sonnab:

Gegen 10 Uhr ging ich nach Kalisch um Louisn zu besuchen er konnte mich aber nicht eher als um 12 Uhr sprechen ich ging daher unterdeß zum Hauptmann Sigismund und ¼ 1 Uhr wieder zu ihm, nach 1 Uhr kam es aber erst zu Hauße, da er mir sagte daß diesen Abend 8 Uhr ein Feldjäger nach Dresden gänge so schrieb ich daselbst einen Brief an Mutter und machte mich um 3 Uhr wieder auf den Weg nach Wygräne. In der Nacht erfuhr ich daß ein Brief von Dresden an ich da wäre habe ihn aber noch nicht empfangen.

Den 12ten April, Sonnt:

Gegen 11 Uhr kam der sehnlichst erwartete Brief in meine Hände. Nachmittags ging ich in die Stadt, empfing darinn meine 50 Thlr. und sprach Fritzen Louisn und den Hauptmann v.Bose. ¼ 9 Uhr Abends fuhr ich mit einem pohlnischen Baron den ich unterwegs antraf wieder in mein Quartier.

Den 13ten April, Mont:

Nachmittags 3 Uhr hatten wir vor den Hauptmann Sigismund Revue, nach derselben besuchte ich einige meiner Kameraden und ging gegen 7 Uhr wieder nach Hauße.

Den 14ten April, Dienst:

Diese Nacht hatte ich wieder einmal heftige Zahnschmerzen. Da der Marsch morgen fortgesetzt wird pakte ich Vormittags ein. Nachmittags las ich und Abends unterhielt ich mich mit meinem Feuerwerker.

Den 15ten April, Mittw:

Heute wurde nach Blaszko 6 Stunden von Kalisch marschirt; gegen 3 Uhr kamen wir daselbst an; ich liege in des Postmeisters Hauß aß aber mit allen übrigen Offiziers auf dem Edelhof, welcher einem pohlnischen General gehört. Unser Marsch ging heute über ein kleines Städtchen mit Nahmen Opatowek. Des Abends gegen 10 Uhr kam der Lieutenant Hoyer noch zu mir ins Quartier.

Den 16ten April, Donnerst:

Der Marsch wurde bis Sieradz 6 Stunden von Blaszko fortgesetzt, wir hatten einen ganz herrlichen Tag paßirten zuweilen ganz leidliche Gegenden und besonders einen schönen aber kurzen Wald; ich bin nach Mieka 1 ½ Stunde von Sieradz detaschirt worden wo ich bei dem Probst, einem alten Mann und gewesenen Soldat, der aber nicht deutsch kann, liege. Auf den Weg hierher machten wir einen außerordentlichen Bogen und paßirten die Warthe. Major von Tennekker und einige Westphalen liegen mit in diesen Dorfe.

Den 17ten April, Freit:

Heute war Widawa unser Ziel, es ist 6 Stunden von Sieradz wir paßirten zwei Wälder von denen ein großer Theil gebrannt hatte. Mit Major von Tennekker liege ich in Zabrow ¾ St: von Widawa bei einem pohlnischen Edelmann, deßen Hauß von bloßem Holtze erbauet ist. Als wir gegeßen hielten Major von Tennekker Mittagsruhe und ich las in Schillers Werken. Um 10 Uhr ging ich nachdem Mai ein paar Bedienstete aus der Stube transportirt hatte zu Bette.

Den 18ten April, Sonnab:

Von Widawa ging es heute bis auf das 8 Stunden entfernte Dorf Rosnia Lowitze, der Weg außerordentlich schlecht auch schneite es im Anfang; wir stießen wieder auf Wälder, welche gebrannt hatten. Ich liege in Manke ¾ Stunden von Staabe wieder mit Major von Tennekker im Quartier bei einem Verwalter, welcher so wie auch seine Familie sehr gut deutsch spricht. Bei dem Amtmann, und dem Förster der auch ein Deutscher ist, ist meine Schlafstätte. In diesem Dorfe steht ein großes Haus, welches vor mehreren hundert Jahren erbaut aber nicht vollendet und daher auch unbewohnt ist. Es soll noch wie man sagt ein großer Schatz darinn liegen. Die hiesige Gegend ist besonders im Winter von Wölfen sehr geplagt.

Den 19ten April, Sonnt:

Heute wurde bis Raczice marschirt, dieses Dorf ist 6 Stunden von dem letzten Nachtquartier und 1 Stunde von Petrikau, wo der Generalstab stehet. Der Weg war heute an einigen Stellen noch weit schreklicher wie gestern, der Boden wogte daselbst wie das Wasser,

wohl 20 Wagen, welche stekken blieben, mußten durch
Menschen herausgehoben werden viele Pferde
versanken mit den Vorder oder Hinterbeinen bis an den
Bauch und es war schauderhaft mit anzusehen wie sie
durch Prügel gezwungen wurden wieder aufzustehen
und fortzuziehen. Nebst dem Sergeant Kühnel ist mein
Quartier 1 ½ Stunde von der Wagenburg in Koriorogi
bei dem Pächter mit Nahmen Kotdowsky einem
vortrefflichen Manne. ½ 5 Uhr kam ich hier an.
Morgen und übermorgen werden wir Rast haben.

Den 20ten April, Mont:

Vormittags las ich eine Zeit lang; Nachmittags
geschrieben und gelesen. Gegen 5 Uhr kam der Wirth
in die Stube gelaufen und erzählte uns daß ein Wolf
sich sehen ließe, er schikte sogleich den Schäfer mit
der Flinte darnach der ihn aber nicht mehr antraf.

Den 21ten April, Dienst:

Vormittags gelesen und eingepakt. Nach Tische hatte
ich die heftigsten Zahnschmerzen. Gegen Abend
wieder gelesen. Morgen sollen wir Cantonnirungs-
quartiere beziehen.

Den 22ten April, Mittw:

Gegen ½ 5 Uhr aus meinem Quartier gegangen und
nach 12 Uhr in Sebach einem Städtchen an der Pilitz 3
Stunden von der Stadt Petrikau, durch welche wir
marschirten, angekommen. Kurz vor Sulechow erhielt
ich einen Brief von der Mutter. Nebst dem Lieutenant
Götz liege ich bei einem Bürger und habe kein
angenehmes Quartier. Die Pilitz macht hier die Gränze
zwischen Gallizien und Pohlen; über diesem Fluße in
Gallizien liegt ein altes aber 1736 renovirtes

Cistersienser Kloster, welches ich nebst einigen andern Offiziers Nachmittags besah; es ist eine zwar kleine aber schöne Kirche darinn; man hat es jetzt zu einem Militärhospital eingerichtet ich traf den jungen Schrag[9] darinn als Wundarzt an. Abends besuchte ich einige Cameraden.

Den 23ten April, Donn:

Vormittags geschrieben. Nach 11 Uhr ohngefähr kam die Ordre uns zur Fortsetzung des Marsches so bereit zu halten, daß wir jede Stunde marschiren könnten. Nachmittags wieder geschrieben und Abends wie gestern.

Den 24ten April, Freit:

Vormittags wie gestern. Nachmittags gelesen. Der Abend wie gestern. Morgen früh 6 Uhr wird der Marsch bis Opoczno wo wir neue Cantonnirungs-quartiere beziehen, fortgesetzt.

Den 25ten April, Sonn:

Heute wurde bis Opoczna eine 4 Meilen von Sulejow gelegene Stadt marschirt der ganze Weg war sehr sandig und fast lauter Wald, den Pilitz Fluß paßirten wir bei Sulejow. Nach 2 Uhr kam ich in mein Quartier, welches bei sehr artigen Leuten, die aber kein deutsch können ist, an. Nachdem ich gegeßen fing ich meinen Brief an die Mutter an und besuchte gegen Abend einige Kameraden. Abends nach dem Eßen war ich bei Güntzen und Lt: Tippmann.

---

[9] Ein Wundarzt Namens Schrag o.ä. hat sich in den Monatslisten der Intendanz nicht feststellen lassen.

Abb. 05   Kalisch, Opoczno und Radom

Den 26ten April, Sonnt:

Nachdem ich den Brief an die Mutter beendigt ging ich gegen 10 Uhr spatziren. Nachmittags an Louisn und für Maye an seine Frau geschrieben. Den Abend wie gestern. Die Gegend um Opaczno ist ganz leidlich.

Den 27ten April, Mont:

Vormittags gelesen. Nach Ausgabe der Lebensmittel, welche allemal um 11 Uhr Anfang nimmt und wobei ich jeden Tag sein werde, besuchte ich den Lieut: Götz und Rechnungsführer Gottschalk nachher las ich wieder und ging gegen Abend zum Ober-Roßartzt.

Den 28ten April, Dienst:

Vormittags wie gestern. Nachmittags einige meiner Cameraden besucht und spatziren gegangen. Nach dem Eßen Abends wieder zu etlichen gegangen.

Den 29ten April, Mittw:

Nachdem ich etwas gearbeitet ritt ich ½ 11 Uhr spatziren. Nachmittags wie gestern. Nach dem Eßen

Abends ein weinig spatziren und dann zum Ober-Roßarzt gegangen.

Den 30ten April, Donnerst:

Vormittags gearbeitet und zum Lieut: Schmidt und Schulze gegangen. Mittags empfing ich durch den Lieutenant Tippmann einen Brief von Louis. Nach der Ausgabe der Vivres wieder zu den Lieut: Schmidt und Schulze und mit ihnen zum Capitain Sigismund gegangen, nachher machten wir sämmtl: dem OberstLt: v.Hoyer unsere Aufwartung und sprachen auch mit dem Lieut: Brük. Abends den Lieut: Tippmann und Ober-RegimentsChirurg Güntz besucht. Morgen früh 9 Uhr haben wir vor dem OberstLt: v.Hoyer Revue.

Den 1ten Mai 1812, Freit:

Vormittags Revue gehabt. Nachdem ich etwas gelesen wurde um 4 Uhr zur Ausgabe der Vivres gegangen und dann noch einige Kameraden besucht. Der Abend wie gestern.

Den 2ten Mai, Sonnab:

Vormittags gelesen und nebst den Capitän Sigism: und Lt: Götz den Ober-Roßarzt besucht. Nachmittags bei einigen Cameraden gewesen und gegen Abend die Mühle und das Brauhaus, welches beides in keinem sonderlichen Zustande war, besuchen. Nach der Abendmahlzeit war ich nebst mehren Cameraden beim Lt:Götze.

Den 3ten Mai, Sonnt:

Gegen 10 Uhr brachte mir der Ober-Roßartzt und Lt: Götz einen Fuchs, welcher zu verkaufen war, zum Ansehen, den ich auch, nachdem ich mit dem Juden einig geworden, um 20 Thlr. kaufte. Nachmittags spatziren gegangen und Abends wie gestern.

Den 4ten Mais, Mont:

Vormittags gelesen, Nachmittags ebenfalls, gegen Abend ausgeritten und nach dem Eßen mit allen übrigen zum Lt: Tippmann gegangen.

Den 5ten Mai, Dienst:

Früh ½ 9 Uhr wurde ich nach Opatow 16 Meilen von hier commandirt um 22 Stük Ochsen zu übernehmen ich ging daher, nachdem ich eingepakt und noch einiges arrangirt hatte mit 2 Unteroff: 11 Mann von Opoczno ab und marschirte noch bis Pryzsucha 4 Stunden weit wo ich gegen 8 Uhr ankam, konnte aber in dieser Stadt nicht bleiben, sondern mußte auf ein ½ Stunde entferntes Dorf Riszkowice, hieselbst lag ich mit den Lt: Götzel und Hertzog im Quartier. Wir sind durch ziemlich angenehme Gegenden gekommen auch habe ich heute die ersten grünen Bäume gesehen und die ersten Nachtigallen deren es hier in Menge giebt, schlagen hören. Heute früh hatte sich eine Maus in meinen Tschakot einlogirt, welche mir als ihn aufsetzte auf dem Kopf herumlief.

Den 6ten Mai, Mittw:

Gegen 6 Uhr ausmarschirt. Da in Lurkowitz Vorspann genommen wurde mußten wir uns weil die Pferde auf dem Felde waren eine Stunde aufhalten, dann ging es bis Schidlowice 4 Stunden von Lurkowitz in scharfen Trabe, daselbst meldete ich mich beim Major von Liebenau, nachdem ich bald 1 Stunde auf frische Pferde vergeblich gewartet setzte ich meinen Marsch bis Ziastrow 1 Meile davon fort, woselbst ich nach 2

Stunden warten welche bekam dann bis Iha dem heutigen Nachtquartier, welches beynahe 7 Meilen von Pryzsucha ist, gefahren, mich beim Obristen[10] des Regiments Prinz Anton gemeldet und in mein Quartier gegangen. Beim Obristen war große Tischgesellschaft darunter auch mehrere Offiziers unsres Regiments. Die letzten 3 Meilen ausgenommen war die Gegend öfters außerordentlich schön. Um 7 Uhr kamen wir hier an. Vor der Stadt steht die Ruine eines alten Schloßes oder Kloster.

Den 7ten Mai, Donn:

Wegen der Vorspann konnten wir erst ½ 7 Uhr aus Iha nach Ostrowice 7 Stunden davon, marschiren, der Weg dahin führte uns durch einen Wald der 6 Stunden lang war. In Ostrowice kamen wir gegen 2 Uhr an, machten Mittag daselbst nahmen frischen Vorspann und fuhren um 3 Uhr nach Opatow 4 Stunden von Ostrowice ab. Auf diesen Wege trafen wir auf viele vom Waßer sehr zerrißene Felder. Als ich gegen 5 Uhr in Opatow abgekommen ging ich zuerst in mein Quartier, welches bei einem Geistlichen ist, dann meldete ich mich beim Obristen v.Gablenz dem Platzadjutanten und Portprefekt. Nach dem Eßen noch ein wenig in der Stadt herumspatzirt.

Den 8ten Mai, Freit:

Vormittags bei der Uebernahme der Ochsen für den Generalstaab gewesen, zum Mittag beim Portprefekt gegeßen. Gegen 3 Uhr wieder in das Magazin, welches ein altes von Mönchen noch bewohntes Kloster vor der Stadt ist, gegangen, viel Streitigkeiten wegen der

---

[10] Kommandeur der Regiments Prinz Anton war Oberst Gablenz

Ochsen gehabt eine Staffette an die Intendance in Radom geschickt und gegen Abend spatziren gegangen. Da die Staffette vermuthlich unter 36 Stunden nicht wieder kommen wird, werde ich meine Ochsen wohl erst übermorgen übernehmen können.

Den 9ten Mai, Sonnab:

Vormittags geschrieben und öfters an meine Schwester Eusebia gedacht. Nachmittags spatziren gegangen, das Kloster und die Stadtkirche besehen. Gegen Abend war ich mit dem Sergeant Vester[11] in dem Gasthof wo sich auch mehrere Offiziers von den Hulanen[12] und einige pohlnische Edelleute versammelt hatten. Vor dem Eßen sprach ich noch eine Zeit lang mit dem Obristen Gablenz. Die Gegend um die Stadt ist leidlich.

Den 10ten Mai, Sonnt:

Vormittags auf die Satfette, welche von Radom kommen sollte gelauert. Nachmittags die Kunststükke eines Dresdner Juden angesehen, dann mit meinem Feuerwerker spatziren gegangen und in den Ruinen eines großen vor der Stadt stehenden Magazins, welches im letzten Kriege von den Pohlen abgebrannt worden, gewesen. Die Staffette ist noch nicht da.

Den 11ten Mai, Mont:

Vormittags wie gestern; ½ 12 Uhr besuchte ich den Obrist von Gablenz. Nachmittags erfahren daß die Staffette angekommen. Abends nach den Eßen mit dem Obrist v.Gablenz spatziren gegangen.

---

[11] Hat sich in der Mannschaftsliste nicht feststellen lassen.
[12] Ulanen

Den 12ten Mai, Dienst:

Da die Staffette keine befriedigende Antwort gebracht schikten wir um 9 Uhr eine Ordonanz zum Generalstab, welche morgen wieder kommen soll. Nachmittags ging ich mit dem Sergent Vester in ein Wäldchen spatziren und kam zufällig in eine Schenke an der Straße wo man eine pohlnische Hochzeit feierte bei welchen Fest alle Gäste besoffen waren. Nach dem Eßen noch ein wenig auf den Markt gegangen.

Den 13ten Mai, Mittw:

Vormittags auf die Ordonnanz gewartet. Nachmittags im Magazin gewesen und gegen Abend spatziren gegangen.

Den 14ten Mai, Donnerst:

Früh ½ 6 Uhr kam eine HulanenOrdonnanz, welche mir vom Obristlt: v.Ryßel eine Ordre über das Verhalten bei Uebernahme der Ochsen brachte ich übernahm daher vormittags 19 Stük Ochsen marschirte nach 1 Uhr von Opatow wieder ab und kam ohngefähr 5 Uhr in Ostrawice an. Mein Quartier ist bei einem Juden.

Den 15ten Mai, Freit:

Nachdem früh ¾ 5 Uhr von Ostrawice abmarschirt worden war, wurde um 10 Uhr in den großen Wald zwischen Ostrawice und Ilza Halt gemacht, gefüttert und ½ 12 Uhr der Marsch fortgesetzt. Gegen 3 Uhr kamen wir in Ilza an. Mein Quartier ist wieder dasjenige, welches ich neulich gehabt. Nachdem ich beim Obrist von Gablenz gemeldet, besuchte ich den Hauptmann v.Brause und sprach auch mit dem

Lieutenant Hennig. Als ich gegeßen ging ich auf die Ruinen der alten Burg, welche auf einem hohen Berge liegen von wo aus man eine sehr schöne Aussicht hat; dieses Schloß ist vor nicht zu langer Zeit angebrannt und im letzten Kriege vollends zerstört worden, es sind einige Schanzn dabei und muß ziemlich fest gewesen sein, indem der Berg sehr schwer zu ersteigen ist. Den Abend brachte ich beim Lieutenant Jentzsch zu.

Den 16ten Mai, Sonnab:

Ohngefähr ¾ 5 Uhr marschirten wir wieder ab; zuvor sah ich die Sonne auf den Ruinen der alten Burg aufgchcn. Wir wählten heute einen andern Weg als neulich, kamen durch schöne Gegenden und Honigreiche Wälder und langten um 10 Uhr in Mirow unsern heutigen Nachtquartier 4 Stunden von Ilza an; mit meinem Feuerwerker liege ich auf dem sehr großen Edelhofe dieses Dorfes und habe ein sehr gut Quartier. Nachmittags wurde spatziren gegangen auch das Gut welches viel grüne Wiesen, Obst, Teiche, Gärten und auch etwas Hopfenbau hat besehen.

Den 17ten Mai, Sonnt: 1ter Pfingstfeiert:

Gegen 5 Uhr abmarschirt. Um 11 Uhr in einem Dorfe 2 Stunden von Przysucha Halt gemacht und gefüttert. Verdrießlichkeiten wegen der Vorspann daselbst. Gegen ½ 2 Uhr den Marsch fortgesetzt. ½ 5 Uhr in Przysucha angekommen; mein Quartier ist im Gasthof. Ein paar Stunden später kam der Lieut: Götz, welcher nach Radom commandirt ist, von Opoczno hier an. Den Abend bei diesen zugebracht. Die Gegend von Mirow bis hierher war schön.

Den 18ten Mai, Mont: 2ter Pfingstfeiert:

Nachdem ich ¼ 6 Uhr abmarschirt war und unterwegs 2 mal hatte füttern laßen, kam ich nach 2 Uhr wieder in Opoczno an, nach dem ich mich gemeldet ging ich in mein sonstiges Quartier, welches ich aber wohl morgen mit einen andern vertauschen werde. Ich besuchte diesen Nachmittag den Hauptmann Sigismund und Major v. Trenneker. Abends war ich beim Lt: Schmidt und Schulze.

Den 19ten Mai, Dienst: 3ter Pfingstfeiert:

Vormittags besah ich den hiesigen Jahrmarkt und war beim Lt: Schmidt und Schulze, welche Briefe mit Neuigkeiten aus Dresden erhielten. Nachmittags auf hiesigen Pferdemarkt gewesen. Gegen ½ 5 Uhr erfuhr ich, daß wir morgen zu Przysucha neue CantonnirungsQuartiere beziehen sollten. Diesen Nachmittag bin ich auch ehe diese Ordre kam in ein ander Quartier zu einem Juden gezogen. Abends beim Lieutenant Tippmann gewesen.

Den 20ten Mai, Mittw:

Um 8 Uhr aus Opoczno marschirt und gegen 5 Uhr in Przysucha angekommen. Mein Quartier ist wieder in den ½ Stunde von der Stadt entfernten Dorfe Ruskowice bei dem Herrn von Nostitz Drzewiecki, die Gegend um dieses Dorf ist sehr schön, man kann an manchen Orten 8 Stunden weit sehen und hört besonders viel Nachtigallen schlagen. Abends unterhielt ich mich mit meinem Wirth welcher gut deutsch spricht; er traktirte mich noch spät mit einem Punsche. Dieses Ruskowice gehört dem Grafen von Malachowska.

Den 21ten Mai, Donn:

Wegen einiger diese Nacht vorgefallener Streitigkeiten zwischen Trainsoldaten und Einwohnern ritt ich nach 8 Uhr mit meinem Wirthe in die Stadt und ging mit ihm zum Obristlieutenant, dann tranken wir bei einem Juden einige Bouteillien Warschauer Bier, besuchten den Apotheker und wurden ½ 12 Uhr wieder auf das Dorf. Nachmittags besuchte kmich der Lieut: Schulze und Pilz ersterer blieb bis gegen Abend bei mir letztrer aber ritt nachdem wir einen Spatzirgang gemacht, wieder in Stadt zurück; bei diesen Spatzirgang hörten wir den 1 Stunde von hier entfernten Eisenhammer gehen. Vor dem Abendeßen führten etliche meiner Kanoniere einen als Bär verkleideten Artilleristen im Dorfe herum, welches meinem Wirth, der ein vortrefflicher Mann ist, sehr viel Spaß machte.

Den 22ten Mai, Freit:

Vormittags gelesen. Nachmittags besuchte mich der Lieutenant Schulze und brachte mir einen Brief von Fritzen in welchen auch einer von der lieben Mutter war. Gegen Abend begleitete ich den Lieutenant Schulz auf meinem kleinen Fuchs bis in die Stadt und besuchte den Hauptmann Sigismund darinn. Nach dem Abendeßen ging ich mit meinem Wirthe noch ein wenig spatziren.

Den 23ten Mai, Sonnab:

Vormittags gelesen und geschrieben. Nachmittags geschrieben. Abends mich mit meinem Wirth unterhalten. Den heutigen Tag regnete es immer.

Den 24ten Mai, Sonnt:

Vormittags einen Brief an die Mutter angefangen. Gegen ½ 12 Uhr ritt ich nach Lunkowitz zur Gräfin Malachowska, welche mich zum Eßen gebeten hatte, alles daselbst war brillant eingerichtet. Die Tischgesellschaft bestand aus der Gräfin, ihrer Tochter einer fremden Comtesse, der Gouvernante, meinem Wirthe 3er Beamten der Gräfin und mir. Gegen 4 Uhr fuhr ich nachdem ich zuvor mit meinem Wirthe ein paar Runden Pillard gespielt mit ihm wieder nach Ruskowice. Den übrigen Nachmittag beendigte ich meinen Brief an die Mutter und Abends war es wie gestern. Heute hat es fast den ganzen Tag geregnet.

Den 25ten Mai, Mont:

Vergangene Nacht war es so kalt, daß ich diesen Morgen schon ziemlich starkes Eis fand. Nachdem ich verschiedenes geschrieben, fuhr ich mit meinem Wirth in die Stadt gab daselbst den Brief an die Mutter auf die Post und besuchte einige Kameraden. Gegen 3 Uhr wieder nach Ruskowice gefahren als ich da ankam fand ich ein Päktchen Chocolade, welches der Lt: Götz aus Radom mitgebracht hatte; bei dieser Chocolade war weder kein Brief auch sonst einige Zeilen; wahrscheinlich aber ist sie aus Dresden; dieser Vermuthung wegen ritt ich diesen Abend noch einmal in die Stadt, lies mir den Brief von der Post wieder geben, legte noch ein Briefchen hinein und gab ihn wieder ab. Gegen ½ 8 Uhr war ich wieder zu Hauße. Abends wie gestern.

Den 26ten May, Dienst:

Vormittags an Fritzen geschrieben. Diesen Mittag speißte ich allein indem mein Wirth bei der Gräfin Malachowka war. Nachmittags besuchte mich der Lieutenant, wir tranken ein paar Tassen von der gestern empfangenen Chocolade. Gegen Abend den kleinen Fuchs noch ein wenig ausgeritten. Nach dem Eßen wie gewöhnlich.

Den 27ten Mai, Mittw:

Vormittags gelesen auch die auf hiesigen Hofe befindliche Roßmühle, welche eben in Gang war besehen. Nachmittags mit meinem Wirth in der Stadt gewesen, daselbst besuchte ich die Lieut: Schmidt, Schulze und Götze. Abends wie gewöhnlich.

Den 28ten Mai, Donnerst:

Vormittags geschrieben. Diesen Mittag war mein Wirth wieder bei der Gräfin Malachowska. Nach Tische ein wenig in den Grasgarten gegangen, dann geschrieben, von ½ 3 Uhr bis ¼ 5 Uhr spatziren geritten und nachher wieder geschrieben. Der Abend war wie gewöhnlich.

Den 29ten Mai, Freit:

Vormittags in die Stadt geritten und den Lieutenant Birnbaum besucht. Nach Tische gelesen. Gegen ½ 4 Uhr besuchte mich der Lieutenant Schulze, ohngefähr um 5 Uhr ritt ich mit ihm auf die 1 Stunde von hier entfernte Starostei als wir uns daselbst umgesehen ritt er in die Stadt Przysucha, ich aber über das Städtchen Skrzyno wieder nach Ruskowice woselbst ich um 7 Uhr ankam. Der Abend wie gewöhnlich.

Den 30ten Mai, Sonnanb:

Vormittags geschrieben. Nach Tische wie gestern ¾ Stunden in den Grasgarten gewesen, dann geschrieben und um 3 Uhr in die Stadt gegangen; vor derselben traf ich die Lieutenants Birnbaum und Schmidt, welche einige Jagdflinten probirten; bei diesen blieb ich bis ¼ 6 Uhr und wollte dann auch die übrigen Kameraden besuchen, traf aber niemanden zu Hauße an. Nach 7 Uhr machte ich mich wieder auf den Weg nach Ruskowice woselbst ich um 8 Uhr ankam. Nach dem Abendessen machte ich mit meinem Wirth einen Spatzirgang.

Den 31ten Mai, Sonnt:

Um 11 Uhr ritt ich, nachdem ich zuvor etwas geschrieben, wieder zum Mittagessen nach Burkowice; daselbst traf ich 2 Söhne der Gräfin Malachowska welche diese Woche angekommen waren. Der Ältere, der verheirathet, lebt gewöhnlich auf seinen Gütern und der Jüngere, welcher jetzt einige Zeit in Posen gewesen, ist Königlicher Kammerherr und geht nach Warschau um beim Kaiser Napoleon eben diesen Dienst zu verrichten; beide besonders der Jüngere waren sehr artige Männer. Vor Tische spielte ich mit der Comtesse, einem sehr hübschen Mädchen, eine Partie Billard. Nach dem Essen wurde ein wenig in den Garten gegangen. ½ 4 Uhr ritt ich wieder nach Ruskowice, wo ich einen Brief von Fritzen nebst noch einem Päktchen Schokolade antraf. ¼ 5 Uhr hörte ich, dass meine sämmtlichen Herrn Kameraden in einem nicht weit von hier entfernten Gasthof waren, ich machte mich also mit meinem kleinen Fuchse auf den Weg, als ich eben angekommen hörte ich, daß sie mich aber besuchen und eine Schokolade bei mir trinken wollten. Ich ritt daher mit ihnen in mein Quartier zurück, gab aber keine Chokolade sondern eine Semmelmilch zum Besten. Mein Wirth kam erst nach 7 Uhr zu Hauße; mit ihm unterhielt ich mich den übrigen Theil des Abends.

Den 1ten Juni 1812, Mont:

Vormittags an Fritzen geschrieben. ½ 12 Uhr nach Przysucha geritten daselbst mit meinem Wirth gespeißt, den Lieutenant Schmidt besucht und nachher mit dem Lieutenant Schulze zu Major v. Tennekker, welche ¾ Stunde von Przysucha liegen, geritten. Nach 6 Uhr kamen wie wieder in Przysucha an; hier ging ich noch ein Stündchen zum Ober-Regiments-Chirurg, mit welchem ich der Mutter ihre Gesundheit in rothen Weine trank. Gegen ½ 8 Uhr wieder nach Ruszkowice geritten. Abends wie gestern.

Den 2ten Juni, Dienst:

Vormittags und Nachmittags geschrieben. Nach 5 Uhr ritt ich in die Stadt als ich daselbst ankam hörte ich daß morgen nach Radom marschirt würde, ich machte mich daher sogleich wieder auf den Nachhauseweg und pakte, als ich in Ruszkowice angekommen, meine Sachen ein.

Den 3ten Juny, Mittw:

Früh ½ 4 Uhr aus Ruszkowice und ½ 6 Uhr aus Przysucha marschirt. Gegen 3 Uhr in Radom angekommen, woselbst auch mein Quartier bei einem Edelmann ist. Wir kamen heute zuweilen durch ganz angenehme Gegenden, die Straße war breit und sehr sandig. Abends besuchte ich nebst den Lieutenant Bucher; den Lt: Schulze.

Den 4ten Juny, Donnerst:

Vormittags machten wir sämmtlich den Prefect Grafen von Malachowska unsere Aufwartung, dann ging ich nebst einigen Kameraden in eine Billard Stube. Nach Tische gelesen dann mit dem Lieutenant Otto, welcher reconvalescirt aus Sachsen kam, gesprochen; nachher den Lieutenant Schulze besucht und gegen 6 Uhr mit demselben auf ein 1 Stunde von hier entferntes Dorf geritten woselbst wir den Feldapotheker Weiße[13] besuchten. Gegen ½ 9 Uhr wieder in Radom eingetroffen. Nach dem Abendessen den Lt: Schulze besucht.

Den 5ten Juny, Freit:

Früh 9 Uhr bei der Parade erfuhr ich, daß wir den Sonntag weiter marschiren würden. Um 10 Uhr wollte ich in die Hospitalkirche zum Feldprediger gehen, sie war aber fast beendigt als ich darinn ankam. Den Vormittag hielt ich mich noch eine Weile beim Lt: Schulze auf und kaufte mir eine Landcharte. Nachmitags geschrieben; nach 5 Uhr mit den beyden Oberfeuerwerkers Schlotten und Flößel[14] spatziren geritten, als ich wieder zurükgekommen schrieb ich einen Brief an meinen Wirth in Ruszkowice dem Herrn Nostitz Drzewiechi. Nach den Abendessen die Lt: Götze und Schulze besucht, mit letztern noch beim

---

[13] Feld-Apotheken-Provisor Gottfried Weise
[14] Ober-Feuerwerker Schlotter (4.Kompanie) und August Friedrich Flößel (2.Kompanie)

Oberfeuerwerker Flößel und nachher mit den Lt: Otto auch beim Fourier Haygen[15] gewesen.

Den 6ten Juny, Sonn:

Vor der Parade den Lt: Schmidt besucht, nach derselben geschrieben. Von 11 bis 12 Uhr beim Lt: Götz gewesen. Nach Tische die Lt: Tippmann und Bucher besucht, dann einen Brief für Maie an seine Frau geschrieben. Nach dem Abendessen war ich nebst mehreren meiner Kameraden in einem Billardhauße.

Den 7ten Juny, Sonnt:

Früh ½ 6 Uhr aus Radom marschirt; wir kamen durch mehrere schön Wälder, welche aus verschiedenen Arten Laub- und Nadelholz bestanden, ¾ Stunde vor dem Städtchen Glowatschow unserem heutigen Nachtquartier, wurde Halt gemacht und die Pferde getränkt. Gegen 3 Uhr kamen wir in Glowatschow welches 8 Stunden von Radom ist, an; nebst dem Liet: Götze liege ich in dieser Stadt, der Staab aber und die übrigen liegen auf 2 nicht weit von hier entfernten Dörfern. Mein Quartier ist bei dem Probste. Nachdem ich gegessen besorgte ich mit dem Lt: Götze einige Geschäfte wegen der Vorspann und Abends besuchte ich ihn.

Den 8ten Juny, Mont:

Nachdem wir gegen 6 Uhr von Glowatschow abgegangen waren und um 10 Uhr in Mangnustschow eine Zeit Halt gemacht hatten, kamen wir nach 1 Uhr auf dem Bivouacplatze bei dem Dorfe Pilitza am Pilitz Fluß während eines starken Gewitters an. Zum Eßen

---

[15] Hat sich in der Mannschaftsliste nicht feststellen lassen.

wurde auf den Edelhof des Dorfes, welches auf einem hohen hang und in einer schönen Gegend liegt, gegangen. Nachmittags besah ich mir die von Lt: Weinholdt über die Pilitz, an welchem Fluß wir bivouacquiren, erbaute Brükke. Abends ging ich mit den Lt: Tippmann wieder auf den Edelhof, als wir um 9 Uhr zurükgingen und den Berg herabstiegen gewährten die vielen Wachfeuer einen schönen Anblick; nachdem ich mich vorher und nah unter dem Gewirbel umgesehen, legte ich mich in eine nur erst erbaute Laube schlafen. Wir sind heute 6 Stunden weit marschirt und wie gestern, durch schöne Wälder von denen es in einem sehr stark gebrannt hatte, gekommen; in diesen Walde machten die vom Feuer bis bald auf den Wipfel braunen Nadeln, die unter schwarzen Stämme, der kohlschwarze Boden und die lebhaft grünen Eichenbäume ein wunderbaren Contrast. Um 12 Ihr sollen wir vom Bivouacplatze wieder aufbrechen.

Den 9ten Juny, Dienst:

Nachts um 12 Uhr wieder aufgebrochen; da die Abfahrt der letzten Wagen nicht gut von Statten ging, kam ich erst gegen 1 Uhr vom Platze, einige Stunden vor Gohra, wo wir über eine westpfälische Schiffbrükke gingen, sahen wir schon die Weichsel; die Gegend war aber nicht sehr angenehm, indem man fast nichts als Sand und niedriges Gebüsche bemerkte. Um 8 Uhr ohngefähr gingen wir bei Gohra über die Weichsel und kamen gegen 9 Uhr bei Kemba, 8 Stunden vom Bivouacplatze, an, hier wurde der Park aufgefahren; nebst dem Staabe wurde ich nach Tschitschinow 1 ½ Stunde vom Parkplatze gelegt, ich lag nebst dem Lt: Schmidt und Ober-Regiments-

Chirurg Güntz in einem Quartier, daselbst gefiel es uns wegen Unreinlichkeit nicht, wir zogen daher noch gegen 9 Uhr, nachdem ich vorher ein Pferd hatte seciren sehen, auf das ½ Stunde von Tschitschinow entfernte Dorf Warsowice, wo wir zu einem Probste ins Quartier kamen. Wir unterhielten uns diesen Abend noch eine Weile unter einander und legten uns dann schlafen.

Den 10ten Juny, Mittw:

Früh mit dem Lieutenant Schmidt spatziren gegangen und die Gegend besehen; sie ist sehr flach, sumpfig und überhaupt traurig. Vormittags geschrieben und die Kirche besehen. Nachmittags erst spatziren gegangen, dann unterhielten wir uns und gingen nach dem Eßen um 9 Uhr auf die Jagd, erhielten aber nichts.

Den 11ten Juny, Donnerst:

Vormittags nebst den Lt: Schmidt und ObRgCh: Günz nach Tschitschinow gefahren und daselbst die übrigen besucht. Nachmittags Jagd auf Raubvögel, deren es hier in Menge giebt, gemacht; es ging uns aber obgleich wir eine Taube als Lockvogel bei uns hatten, wie gestern Abend; als wir von der Jagd kamen, besuchte uns der Hauptmann Sigismund. Abends unterhielten wir uns untereinander.

Den 12ten Juny, Freit:

Früh gelesen, dann mit den Lt: Schmidt auf die Jagd gegangen wo wir aber, weil nichts schußrecht war, wieder nichts bekamen. Als wir noch bei Tische saßen besuchte uns der PrLt: v.Kochtitzki von Anton und den ObRgCh: Güntz sein Bruder als diese wieder fort war ging ich mit den PrLt: Schmidt spatziren, nach unsrer

Rükkunft probirten wir ein DoppelTarperol und ich las nachher bis zum Abend. Nach dem Abendeßen wurde vom PrLt: Schmidt eine Eule geschoßen.

Den 13ten Juny, Sonn:

Vormittags fuhr ich mit dem PrLt: Schmidt und O. Güntz nach Tschtschinow daselbst erhielt ich einen Brief aus Dresden vom 2ten Juny. Als ich diesen gelesen machten wir sämmtlich Jagd auf Seemöben wovon der Lt: Tippmann auch eine schoß. Gegen 2 Uhr wurde wieder nach Warsowice gefahren. In Tschitschinow sprach ich mit den Lt: Hirsch. Wir hatten noch nicht abgegeßen so kamen die Maj: von Britzki und Lobkowitz der Hauptmann von Roos ObRgChirurg Güntz vom Regiment Prinz Anton und der PrLt: Jentsch auf Besuch zu uns. Gegen 5 Uhr kam auch der Lt: Schultze mit welchen ich nachdem der Besuch wieder fort war, spatziren ritt und den Hauptmann Sonntag besuchte. Als ich wieder nach Warsowice kam war der ObRgCh: Güntz mit seinem Bruder nach Warschau abgereißt. Abends geschrieben und mich mit dem Lieutenant Schmidt unterhalten.

Den 14ten Juny, Sonnt:

Vormittags mit den Lt: Schmidt auf die Jagd gegangen, es ging uns wie gewöhnlich. Nachmittags um 4 Uhr ohngefähr besuchte uns der Lt: Heering von Clemens als dieser wieder fort war schrieb ich. Gegen 7 Uhr ließen wir meinen Fuchs an der Longe laufen. Nach dem Abendeßen ging ich mit den Lt: Schmidt spatziren.

Den 15ten Juny, Mont:

Nach 9 Uhr ritt ich mit dem Lt: Schmidt nach Tschitschinow daselbst erfuhr ich daß die Armee nächstens nach Warschau marschiren würde. Gegen 12 Uhr kamen wir wieder in Warzowice an. Nachmittags schrieb ich einen Brief an die Mutter. Gegen Abend mußte der Fuchs wieder an der Longe laufen. Nach den Abendeßen unterhielt ich mich mit dem Lt: Schmidt nachdem wir uns vor die Hausthüre gesetzt hatten.

Den 16ten Juny, Dienst:

Nachts gegen 1 Uhr kam der OberRgCh: Güntz nebst seinem Bruder wieder hier an. Als ich früh morgens erwachte hatte ich heftige Leibschmerzen, welche fast den ganzen Tag anhielten und erst gegen Abend etwas nachließen.

Den 17ten Juny, Mittw:

Früh erfuhr ich daß wir übermorgen in die Gegend von Praga bei Warschau marschiren würden. Vormittags geschrieben und gelesen auch einen Bienenstok schwärmen sehen. Nachmittags gelesen. Gegen Abend mit Günz und Schmidt spatziren gegangen. Nach dem Abendeßen wieder Euln nachgestellt, wir konnten sie aber nicht erwischen.

Den 18ten Juny, Donnerst:

Früh gegen 4 Uhr ging der Lt: Schmidt als Quartiermacher ab. Vormittags ½ 11 Uhr mit den ObRgCh: Güntz nach Tschitschinow gefahren. Ohngefähr ½ 1 Uhr wieder in Warsowice angekommen. Nachmittags eingepakt. Abends ging ich ein wenig vor der Thüre umher.

Den 19ten Juny, Freytag

Gegen 4 Uhr von Tschitschinow und ¾ 5 von Warsowice abgegangen ½ 6 Uhr vom Parkplatz marschirt und um 9 Uhr in das 1 Meile von erwähnten Platze, befindliche Städtchen Karozew an der Weichsel gekommen, daselbst ist unser heutiges Nachtquartier; ich liege mit den Lt. Tippmann zusammen. Nachmittags in der Stadt umhergegangen und den Lt: Birnbaum besucht, bei welchen ich auch den Lt: Weiße sprach. Abends nach den Eßen mich mit mehreren meiner Kameraden unterhalten.

Den 20ten Juny, Sonn:

Um 6 Uhr aus Karzew marschirt. Gegen 9 Uhr in einem noch 3 Stunden von Praga entfernten Dorfe Halt gemacht und gefüttert; von ½ 10 bis gegen 2 Uhr hatten wir einen heftigen Exceß mit ohngefähr 300 Mann von einem pohlnischen Hulanen Regiment, wobei von beiden Seiten mehrere bleßirt wurden. Um 5 Uhr in Praga bei Warschau, 6 Stunden von Karzew, angekommen. Mein Quartier ist auf dem ½ Stunde von Praga entfernten Dorfe Brudno bei einem deutschen Bauer, welcher vor 10 Jahren aus dem Reiche gewandert ist. Um Louisn, welcher in Warschau und Fritzen, der in Praga liegt zu sprechen ging ich, nachdem ich beide gesucht aber keinen getroffen hatte, nicht eher als um 8 Uhr nach Brudnow; als ich daselbst angekommen war mein Fuchs ausgerißen, welcher auch nicht eher als 10 Uhr wieder eingefangen wurde.

Den 21ten Juny, Sonnt:

Früh erfuhr ich, daß ein Kanonier den ich gestern Abend 8 Uhr nach Fourage geschikt von 3 pohlnischen

Bauern angefallen worden war. Nach 7 Uhr kam der Lt: Otto, der wegen des gestrigen Exceßes mit den Hulanen, von Praga aus wieder auf dieses Dorf hatte reiten müßen, zurük und in mit in mein Kanonier. Gegen 8 Uhr ritt ich nach Praga zu Fritzen, den ich aber, da er nicht Zeit hatte, nur einen Augenblick sprechen konnte; ich besuchte hierauf den Lt. Schmidt und Schultze und mehrere andere in der Battrie stehenden Kameraden auf den Bivouac, zog mich dann beim Hauptmann Sigismund anders an und ging um 12 Uhr zum Eßen in das Hotel de Dresde wo auch Fritzen Heintze und sehr viel Offiziers anderer Regimenter waren. Nach 3 Uhr ging ich mit Fritzen wieder in sein Quartier woselbst ich mich bis gegen 6 Uhr mit ihm unterhielt; dann zog ich mich beim Hauptmann Sigismund anders an und ritt um 8 Uhr, nachdem ich noch so lange bei Fritzen geblieben wieder nach Bruduow; als ich daselbst angekommen, besuchte ich noch Major von Tennekker, welche auch hier liegen. Von der Pragaer Seite nimmt sich Warschau sehr gut aus. Louis ist heute in die Festung Motelin[16] abgegangen daher habe ich ihn nicht sprechen können.

Den 22ten Juny, Mont:

Da ich heute mit 50 Mann Arbeiter ins Laboratorium commandirt war, ritt ich ¼ 5 Uhr nach Praga, blieb bis ¼ 6 Uhr bei Fritzen und ging dann in das Laboratorium als wir hierselbst schon lange gewartet hattn ohne das aufgemacht worden wäre, ging ich ½ 7 Uhr wieder zu Fritzen und blieb, ehe ich wieder hinging eine halbe Stunde bei ihm. Um 11 Uhr wurde Mittag gemacht, ich besuchte daher einige Kameraden auf dem Bivouac,

---

[16] Modlin

Fritzen und nachdem ich zuvor beim Oberfeuerwerker Flößel gegessen auch den Lt: Götze. Nach 2 Uhr wurde wieder an die Arbeit gegangen bei welcher ich bis gegen 6 Uhr blieb; dann war ich nachdem ich einige Geschäfte besorgt bis 10 Uhr bei Fritzen. Heute bin ich nach Praga gezogen und liege mit dem Lt: Götze bei einem Juden. Die vorige Nacht ist in Warschau wieder ein großer Exceß zwischen Pohlen und Sachsen gewesen.

Den 23ten Juny, Dienst:

Früh morgens nach 2 Uhr kam der Lt: Birnbaum und verkündigte uns, daß um 9 Uhr marschirt würde, ich zog mich daher gleich an und sagte es Fritzen, bei welchen ich bis 4 Uhr blieb. Gegen 7 Uhr ging ich nachdem ich mehrere Geschäfte besorgt, wieder zu Fritzen. ½ 9 Uhr wurde beim Hauptmann gestellt und ¼ 11 aus Praga marschirt. Der Weg bis in das heutige Nachtquartier Dorf Niporent 4 Stunden von Praga war außerordentlich sandig; um 5 Uhr kamen wir daselbst an; wir sämmtlichen Offiziers liegen in zwey Scheunen auf der Probstei. Als wir gegeßen fanden wir auf den Kirchhof etliche Todtenköpfe, auf welchen noch die Haare waren.

Den 24ten Juny, Mittw:

½ 8 Uhr aus Niporent marschirt; der Weg war wie gestern, um 12 Uhr in der Festung Sierock, welche am Einfluß des Bug in den Narew liegt und 4 Stunden von Niporent ist angekommen. Wir liegen alle in einem Quartier, welches 4 Stuben hat. Als ich etwas gegeßen schrieb ich einen Rapport. Nach dem Abendeßen besuchten uns der Major Auenmüller und Lt: Rüger. Ehe sich niedergelegt wurde, besahen wir uns einen

Theil der hiesigen Festungswerke, welche mehrere Kasernen haben und eben noch in keinen besonderen Zustande sind. Die Gegend um Sierock ist ziemlich schön.

Abb 06   Warschau, Praga, Sierock, Pultusk, Zambrow und Bialystok (Bielsk)

Den 25ten Juny, Donn:

Nach 12 Uhr kamen wir, nachdem wir vor 6 Uhr abmarschirt waren in die von Sierock 6 Stunden entfernte Stadt Pultusk an der Narew. Der Weg führte uns zuweilen durch ziemlich angenehme Gegenden; wir Offiziers nebst der Artillerie Mannschaft des Parks bivouakkiren 1 ¼ St von der Stadt in einem Ziegelkreishaufen. Da ich vernahm daß der ganze Generalstab in Pultusk läge ging ich um 1 Uhr in die Stadt um Louisn aufzusuchen, den ich aber, weil er schon in Ostrolenka ist, nicht fand. Pultusk ist eine ganz leidliche Stadt sie wurde 1806 von den Rußen und Franzosen fast ganz zerstört, ist aber nun meistentheils wieder erbaut worden, es sind 3 Klöster, 3 Kirchen, ein Cadettenhaus und ein Zuchthaus darinn. Die erste Schlacht im Krieg zwischen Rußland und Frankreich /anno 1806/ war am ……. bei Pultusk. Es blieben darinn von beiden Mächten zusammengerechnet 6000

Mann, der Ort wo wir bivouacquiren war ein Theil des Kampfplatzes. Nachdem ich wieder auf den Bivouac angekommen war und ausgeschlafen hatte wieder einiges geschrieben. Abends nach dem Eßen war ich bei Ausgabe der Lebensmittel.

Den 26ten Juny, Freit:

Um 6 Uhr den Marsch fortgesetzt ½ 11 Uhr Halt gemacht und die Pferde getränkt gegen 2 Uhr in das Dorf Lairsch unserm heutigen Nachtquartier eingerückt. Nachdem ich mich an Erdbeeren, deren es hier eine außerordentliche Menge giebt satt gegeßen habe, schrieb ich etwas in einer Scheune welche heute mein Quartier ist. Der Besitzer davon ist so wie viele Einwohner dieses Dorfes fort gelaufen und hat Haus und Hof im Stich gelaßen. Als ich bei Flößel zu Abend gegeßen da besuchte ich mehrere meiner Cameraden, welche auch alle in der Scheune liegen.

Den 27ten Juny, Sonn:

Nach 7 Uhr wieder aufgebrochen von ½ 11 Uhr bis 1 Uhr Halt gemacht. Nachmittags hatten wir mehrere Gewitter wovon gegen 5 Uhr das erste und heftigste war. Von 6 bis 7 Uhr wurde wieder Halt gemacht. Um 8 Uhr kamen wir im Nachtquartier dem Dorfe… 1 ¾ Stunde von Ostrolenka an. Ich quartierte mich in einem Judenkruge ein und schlief mit mehrere Unteroffiziers und zwei Zeugdienern vor der Stubenthüre; wo uns, als sich nicht lange niedergelegt worden war, mein Fuchs, der sich loßgerißen, aufstörte. Der Weg war wieder außerordentlich sandig und die Pferde konnten kaum mehr fort; wir trafen auf ihm viel todte Hunde und auch ein paar gestützte Pferde.

Den 28ten Juny, Sonnt:

Um 7 Uhr abmaschirt. Auf dem Wege von unsern Nachtquartier bis Ostrolenka fanden wir wieder 5 todte Pferde und mehrere todte Hunde an der Straße liegen. Bei Ostrolenka, welches 7 Meilen von Pultusk ist, gingen wir zum 3ten male über die Narew. Von 12 bis gegen 2 Uhr wurde in einem Dorfe getränkt und gefüttert. ¾ 5 Uhr kamen wir auf dem Parkplatze bei dem Dorfe Dambrowa an, ich erfuhr daselbst, daß der Krieg am 22ten erklärt worden wäre. Wir liegen sämmtlich auf dem Edelhofe, das Wohnhaus ist so ziemlich gut gebaut, auch ist ein ganz lieblicher Garten daran. Von Ostrolenka bis hierher ist 3 Meilen.

Den 29ten Juny, Mont:

Nach 6 Uhr vom Parkplatze marschirt. Gegen 12 Uhr nachdem wir durch die Stadt gekommen waren bei einer Bauerhütte Halt gemacht und gegen 1 Uhr den Marsch fortgesetzt. Kurz vor dem Nachtquartiere dem Dorfe Pzcenice blieben ein paar Wagen in einem Loche stekken, bei denen ich mich ohn: 1 ½ Stunden aufhalten mußte. Ich kam daher erst ½ 6 Uhr wieder an. Den ganzen heutigen Marsch hatten wir heftiges Regenwetter, Wind und auch viel Kälte. Wir liegen alle auf dem Edelhofe in ein paar Stuben. Nach dem Eßen wurde noch von verschiedenem gesprochen und sich dann auf Strohmatten gelegt.

Den 30ten Juny, Dienst:

Heute ist Rasttag. Vormittags wurde geschrieben und einige Geschäft besorgt. Nachmittags war ich bei der Ausgabe der Beimontirungsstücke, welche an die Artilleriemannschaft, die in die Batterien als Reserve mußten, gegeben wurden. Gegen Abend kam der Lt: von Winkel von Anton mit 40 Mann als Bedekkung zum Park. Der Lt: Blaßmann war diesen Mittag so wie der Major v.Stünzner Nachmittags bei uns. Nach dem Abendeßen wie gestern. Nicht lange hatten wir uns niedergelegt als die Ordre kam morgen früh 3 Uhr zu marschiren.

Den 1ten July 1812, Mittw:

Um 5 Uhr ausmarschirt. Um 7 Uhr paßirten wir das Städtchen Zambrow. Von ½ 12 bis ¼ 2 Uhr wurde Halt gemacht. ¼ 6 kamen wir im Nachtquartiere dem Dorfe Zipori Golatzki, nachdem wir einen Marsch von 7 Stunden gemacht, und durch angenehme Gegenden gewandert waren, an. Mein Quartier habe ich mit noch 5 meiner Cameraden, bei dem Dorfrichter. Abends war ich bei Ausgabe der Lebensmittel.

Den 2ten July, Donnerst:

Früh beim Schlachten gewesen, dann geschrieben, von 12 bis 1 Uhr Lebensmittel ausgegeben. Nachmittags war der Lt. Blaßmann bei uns. Gegen Abend kam Marsch Ordre. Morgen früh 2 Uhr soll aufgebrochen werden.

Den 3ten July, Freit:

Nachdem wir früh 3 Uhr ausmarschirt waren, kamen wir ½ 8 Uhr in Tykozcin 4 Stunden vom Nachtquartier an. Mein sehr gutes Quartier ist bei einem reichen Offizianten. Tykozcin ist eine ganz liebliche Stadt. Sie liegt an der Narew, welche hier die Grenze zwischen dem Herzogthum Warschau und russisch Pohlen macht, ist an der rußischen Seite ganz mit Sumpf umgeben, enthält zwey Klöster, 3 Kirchen und die

Statue des pohlnischen General Feldmarschalls Tscharnetzky, welcher hier Karl den Zwölften aufs Haupt geschlagen hat. Vormittags unterhielt ich mich meinem Wirth und war bei der Fleisch und Mehlausgabe. Nachmittags geschlafen, dann die übrigen Cameraden und den Lt. Schulze, der diesen Nachmittag von Commando eingetroffen, besucht. Von 8 Uhr bei Ausgabe der übrigen Lebensmittel gewesen. Zum Abendessen hatte mein Wirth den Hauptmann v. Sperl, der Amalie ihren Bruder und den Lt. v. Koppenfels sämmtlich vom 1sten leichten Infanterie-Regimente gebeten, welche gegen 11 Uhr wieder fortgingen.

Den 4ten July, Sonn.

Früh morgens 5 Uhr rückten wir über die Narew Brükke in rußisch Pohlen ein. Von ½ 10 - ½ 12 Uhr wurde in dem Städtchen Knyszyn Halt gemacht. Wir wurden daselbst sehr gut und mit vieler Freude aufgenommen, überhaupt schienen die Einwohner außerordentlich französisch gesinnt zu sein. Nachdem wir gegen 5 Uhr noch ein Stündchen angehalten und nachher auf einem Edelhofe Futter für die Pferde übernommen hatten, kamen wir ½ 9 Uhr auf dem Parkplatze bei einem Dorfe ohnweit Bialystock an. Ich war noch nicht lange da, so ließ mir Louis und Franz sagen ich möchte, um sie zu sehen in den Schlossgarten kommen dieß that ich auch und sprach mit ihnen. Bialystock ist eine recht angenehme Stadt und ist fast ganz maßiv gebaut, besonders ist das dasige Schloß mit Schlossgarten, worinnen etliche 100 Stük Dammhirsche sind, sehr schön. Ietzt steht die ganze Armee in und bei Bialystock. Gegen 10 Uhr kam ich in meinem Quartier, welches eine Scheune ist, an.

Nachdem ich noch einen Kaffee getrunken, wurde sich nach 11 Uhr niedergelegt. Heute haben wir einen Marsch von 5 Meilen gemacht.

Den 5ten July, Sonntag

Nach 6 Uhr abmaschirt. In Bialystock mit noch einigen Cameraden ein paar Boutuilen Wein getrunken. Der Marsch ging, da das Fuhrwesen der ganzen Armee beisammen war sehr langsam von Statten, wir paßirten ein großen und sehr dichten Wald. Um 3 Uhr ohngefähr kamen wir, nachdem ein Marsch von 5 Stunden gemacht worden war, auf dem Bivouacplatz bei einem Dorf an der Straße an. Im Anfange sollte noch 2 Stunden weiter marschirt werden, da aber die Straße ganz mit Fuhrwesen versperrt war, mußten wir bleiben. Gegen Abend bei Ausgabe der Lebensmittel gewesen. Nachts ½ 12 Uhr hatten wir ein heftiges Gewitter.

Den 6ten July, Mont:

Früh gegen 5 Uhr wieder aufgebrochen, wir wurden gleich im Anfange durch einen großen Berg sehr aufgehalten. Vormittags einmal Halt gemacht getränkt und requirirten Brandwein ausgegeben, nach ein paar Stunden wurde auch sehr schönes Bier gefunden. Nachmittags von 4 – 6 Uhr Halt gemacht und um 10 Uhr beim Städtchen ...... angekommen. Mein Quartier ist nebst den übrigen in einer Scheune. Wir haben heute einen Marsch von ohngefähr 4 Meilen gemacht. Von dem Dorfe, an wo wir zuletzt hielten und bis auf den Parkplatz war die Gegend außerordentlich traurig und öde. Wir bekommen heute eine Compagnie von Prinz Friedrich zur Dekkung.

Den 7ten July, Dienst:

Nach 8 Uhr abmarschirt. Nach 11 Uhr im Städtchen
…….. Futter gefaßt, welches gegen 2 Stunden anhielt.
Nach ½ 6 Uhr Halt gemacht. Gegen 7 Uhr weiter
marschirt und ½ 10 Uhr bei einem Dorfe wo wir heute
bleiben, angekommen. Ich liege nebst mehrere
Cameraden wieder in einer Scheune. Nachdem auch
Fleisch ausgegeben worden war und ich etwas gegeßen
hatte legte ich mich nieder. Auch heute war die Gegend
zuweilen sehr öde. Unser Marsch war ohngefähr 7
Stunden weit.

Den 8ten July, Mittw:

Nach 6 Uhr marschirten wir ab und paßirten nach ein
paar Stunden das Städtchen Wolkowice. Von 12 bis ½
3 Uhr Halt gemacht. Abends nach 8 Uhr kamen wir,
nachdem ein Marsch von 4 Meilen gemacht worden
war, auf dem Bivouacplatze bei dem Städtchen Zelwia
an. Die ganze Armee bivouacirt hier. Weder Fritzen
noch Louisn habe ich gesehen. Bis bald gegen Mittag
war ich bei Ausgabe der vivres[17]. Zumal hatten wir
eine schönes Aussicht und seit dem Orte wo wir Halt
gemacht paßirten wir eine sehr Gasthausreiche Gegend.

Den 9ten July, Donnerst:

¾ 10 Uhr vom Bivouacplatze aufgebrochen. Von 3 – 6
Uhr bei einem Dorfe Halt gemacht. Gegen 11 Uhr auf
dem Bivouacplatze ohnweit des Städtchens ….. wo das
Hauptquartier ist, nachdem wir ohngefähr 7 Stunden
weit marschirt waren, angekommen. Wir waren noch
nicht lange da, so besuchte ich Fritzen, der ohngefähr

---

[17] Lebensmittel

200 Schritt von unsern Bivouacplatze liegt, er hatte sich schon niedergelegt, daher sprach ich ihn zwar, sah ihn aber nicht. Bis gegen 1 Uhr war ich noch bei Ausgabe der Lebensmittel.

Den 10ten July, Freit:

Früh nach 3 Uhr besuchte mich Fritz. ¾ 6 Uhr brachen wir auf und kamen nach 8 Uhr auf dem Bivouac bei Slonim an. Mehrere Regimenter nebst ihrer Artillerie hatten hier Position gegen den Feind genommen. Von der Zeit an als unsere Paraque gebaut war bis gegen Abend die meiste Zeit geschlafen, dann mit Fritzen in Slonim herumgegangen, nachher beim Adjutant Blaßmann einen Brief an die Mutter geschrieben. Als ich gegen 10 Uhr wieder auf dem Bivouac angekommen besuchte ich bis gegen 11 Uhr noch den Lt: Tippmann. Morgen haben wir Rast.

Abb. 07   Bialystok, Wolkowysk, Kossow, Slonim und Kletzk (Kleck)

Den 11ten July, Sonn:

Früh 7 Uhr besuchte mich Louis. Vormittags verschiedene Kleinigkeiten besorgt und den Lt: v.Nostitz besucht. Zum Mittag aß ich in Slonim beim General v.Klengel, der heute von dem Bivouac in den Berhardiner Kloster gezogen ist. Nachmittags mit Fritzen verschiedenes besorgt und Louisn besucht. Nach 6 Uhr wieder auf den Bivouac gegangen und geschrieben. Slonim ist schon eine ziemlich große Stadt; sie besitzt mehrere Kirchen und Klöster.

Den 12ten July, Sonnt:

Nach 7 Uhr brachen wir wieder auf und machten von ½ 3 – 4 Uhr in einem Wald Halt. Nach einem Marsch von 7 Stunden kamen wir gegen ½ 7 Uhr auf dem Bivouacplatz bei dem Städtchen Pulanka an. Nachdem die Paraque von Laubholz gebaut worden war suchte ich Louisn und Fritzen auf ersteren begegnete ich auf dem Markte und letzteren suchte ich lange im Städtchen und auf dem Bivouac, endlich fand ich ihn in seiner Scheune, woselbst er sich schon niedergelegt hatte. Als ich mich eine Weile mit ihm unterhalten hatte, ging ich gegen 10 Uhr wieder auf den Bivouacplatz woselbst ich bis gegen 12 Uhr bei der Ausgabe des Fleisches war.

Den 13ten July, Mont:

Diese Nacht sowie auch früh morgens war es ziemlich kalt indem ein schneidender Wind wehete. ¾ 8 Uhr brachen wir auf und marschirten durch das Städtchen Pulanka. Von ¾ 11 bis ¾ 3 Uhr wurde bei einem Dorfe ohnweit der Straße Halt gemacht; auf dem Edelhofe dieses Dorfes frühstükten und aßen wir zu Mittag ohngeachtet die Wirthschafterin eine sehr dikke Frau, uns lieber mit den Augen durchbohrt hätte. ½ 7 Uhr kamen wir nach einem 6 Stunden weiten Marsch auf dem Bivouacplatze hart an dem Städtchen …… an. Ich liege mit allen übrigen Offiziers des Parks in einer Scheune. Nachdem ich bei Ausgabe der Lebensmittel gewesen suchte ich Louisn und Fritzen letztren konnte ich, soviel ich auch suchte nicht treffen, erstern fand ich aber, als er sich eben niederlegen wollte. Als es beinahe finster geworden ging ich von ihm in meine Scheune. Die Gegend, welche wir heute paßirten war aber nicht die angenehmste.

Den 14ten July, Dienst:

Wie gestern marschirten wir ¾ 8 Uhr vom Platze. Von ¾ 1 – ¾ 3 wurden die Pferde gefüttert. Gegen 7 Uhr kamen wir, nachdem wir 7 Stunden weit marschirt waren und ein paar Stunden vorher das Städtchen ...... paßirt hatten auf dem Bivouacplatze bei einem Dorfe an. Wir Offiziers liegen alle wieder in einer Scheune, in welcher ein großer Vorrath von Korn und Stroh ist. Als es schon duster war kam der Lt: Weise und brachte die Ordre zum morgenden Marsch. Aus dem Städtchen ...... waren fast alle Einwohner geflüchtet; Anfangs sollten wir diese Nacht da bleiben, es kam aber unterwegens Ordre noch weiter zu marschiren.

Den 15ten July, Mittw:

Gegen 8 Uhr abmarschirt und Mittags ½ 1 Uhr auf dem Bivouac ½ Stunde von der Stadt Kletzschk nach einem 5 Stunden weiten Marsch angekommen. Mit dem Ober-Roßartzt dem Lt: Götz und v. Winkel liege ich in einer Paraque von Laubholzart an einem Birkenwalde. Als wir diesen Mittag hier eintrafen glaubte man daß vielleicht noch heute oder doch wenigstens Morgen eine Bataille geliefert werden würde; diesen Abend aber hieß es wir zögen uns morgen zurück.

Den 16ten July, Donnerst:

Heute haben wir uns wirklich 7 Stunden weit rechts rükwärts bis Lachowce zurükgezogen, wir brachen zu dem Ende um 7 Uhr auf und kamen Nachmittags ½ 4 Uhr auf den Bivouac bei Lachowice. Fast den ganzen heutigen Marsch hatten wir heftigen Regen und viel Wind auch war es ziemlich kalt, gegen das Ende deßelben wurde es schön Wetter. Nach ½ 6 Uhr besuchte ich den Lt: von Glowacki und Fritzen, durch letztern erhielt ich einen Brief aus Dresden vom 4ten July. Als es beinahe duster geworden ging ich wieder auf den Bivouac. Es heißt daß wir uns morgen und die folgenden Tage noch weiter zurükziehen würden.

Den 17ten July, Freit:

Früh 5 Uhr sollten wir im Anfange aufbrechen, da aber fast die ganze Infanterie vormarschirte, wurde der Marsch erst gegen 8 Uhr fortgesetzt. Der Marsch ging theils des schlechten Weges, theils der vielen Wagen wegen sehr langsam von Statten, Nachmittags ½ 4 Uhr hatten wir seit dem Ausmarsch einen Weg von 4 Stunden gemacht. Um diese Zeit wurde in einem sehr dichten Walde vor einen Morast einen Wege über den gehen sollten gefüttert und derselbe recognoscirt dabei fand sich dann daß er vor einer Ausbeßerung, welche mehrere Stunden dauern würde, nicht zu paßiren wäre es wurde daher sogleich an das Werk gegangen und die Wegebeßerung angefangen obgleich nun bis Nachts ½ 1 Uhr daran gearbeitet wurde war er dennoch schwer zu paßiren, indem bei der Probe zwar etliche Wagen gut darüber kamen aber auch etliche umwarfen wir mußten daher mit dem größten Theile in dem Wald bivouacqiren; mit den Lebensmitteln ging es sehr knapp zu da nicht einmal ein Bißen Brod zu bekommen war.

Den 18ten July, Sonn:

Sobald es Tag geworden stand ich von meinem Lager, welches aus etwas Heu unter freiem Himmel von dem es regnete, bestand, wieder auf und ging an den morastigen Thal; der Lt: Roch war unterdeß daselbst mit einigen Sappeurs angekommen, um mit unsern Leuten vereinigt den Weg herzustellen welches Geschäft auch früh gegen 7 Uhr beendigt wurde. Die Passage ging um diese Zeit sehr gut von Statten. Von ¼ 12 – ½ 3 Uhr wurde in einem Dorfe ein paar 100 Schritt von dem Städtchen Botrow Halt gemacht und gefüttert. Gegen 7 Uhr kamen wir endlich nach einem 5 Stunden weiten Marsche im …… an. Ich liege mit mehreren Kameraden in einer kleinen Scheune und habe den ganzen Abend wieder einmal Zahnschmerzen gehabt.

Den 19ten July, Sonnt:

Gegen 8 Uhr wurde wieder marschirt. Heute hielt uns wieder ein morastiges Thal in dem etliche Wagen sitzen blieben mehrere Stunden auf. Wir kamen daher ohngeachtet es nur ein Marsch von 3 Stunden war erst Abends 8 Uhr im Städtchen Bytyn an. Ehe ich noch in meine Scheune in welcher ich mit dem Ober-Roßartzt, dem Lt: Götz und Winkel liege, ging, besuchte ich Fritzen und mit selbigen später auch Louisn, welcher in einem Kloster vor der Stadt liegt. Beide werden morgen wieder marschiren, wir aber bleiben einige Tage hier. Ohngefähr gegen 10 Uhr kam ich wieder in meine Scheune. Diesen Abend ging die Kompagnie von Niesemeuschel vom Hauptpark ins Regiment.

Den 20ten July, Mont:

Früh und Vormittags verschiedenes wieder in Ordnung gebracht und mir einen Rothschimmel ausgesucht. Nachmittags so wie auch Abends konnte ich wegen

Schmerzen an einem Zahngeschwür nicht viel anfangen.

Den 21ten July, Dienst:

Fast die ganze Nacht so wie auch den ganzen Tag und Abend über hatte ich heftige Schmerzen an den schon gestern erwähnten Uebel, welche sich erst am späten Abend legten; dieserwegen hatte ich keine Lust etwas Ernsthaftes zu unternehmen.

Den 22ten July, Mittw:

Vormittags so wie auch Nachmittags geschrieben. Da wir morgen weiter marschiren sollen, pakte ich gegen Abend ein und ging dann vor und nach dem Abendeßen zum Markedenter, wo auch mehrere Oestreichische Offiziers und Soldaten zugegen waren.

Den 23ten July, Donnerst:

Um 6 Uhr ausmarschirt. Von 12 bis gegen 2 Uhr auf einem dürren Felde bei einer sehr schönen Woiwodschaft, welche mehrere maßive Gebäude und auch ein leidlich Schloß und Kapelle enthielt Halt gemacht. Um 6 Uhr kamen wir nachdem wir vom Halt an unterwegs mehrere heftige und nahe Gewitter gehabt und auch sehr durchnäßt worden waren auf dem Bivouac an einem Kirchhofe ohnweit des Städtchens Koszow an. Ich richtete mir heute da der Erdboden sehr naß war, einen Wagen als Paraque ein. Als ich gegeßen und mit dem Lt: Tippmann und den Doktor eine Zeit lang unterhalten stieg ich in meinen Wagen. Koßow ist 4 Meilen von Bytyn und liegt in einer etwas bergigen Gegend. Heute wurde der Lt. v. Winkel durch den Lt: v. Kotsch abgelößt.

Den 24ten July, Freit:

Um 5 Uhr aufgebrochen und durch Koßow, wo Futter gefaßt wurde und sich mein neuer Rothschimmel mit mir überschluch, marschirt. Um 2 Uhr auf dem Bivouac 1 Stunde vom Städtchen Czetoucke Beritza, nachdem gegen 10 Uhr in einem 6 Stunden langen Wald einige Zeit angehalten und etwas Heu vorgelegt worden war, angekommen. Wir waren noch nicht lang da, so besuchte uns der Lt: von Winkel, gegen 5 Uhr ging ich zur Fleischausgabe und nach 9 Uhr auf mein Lager in eine Scheune wo die meisten der übrigen liegen. Unser heutiger Marsch war ohngefähr 7 Stunden weit. Morgen sollen wir Rast haben.

Den 25ten July, Sonn:

Früh sowie auch den größten Theil des Vormittags geschrieben. Nachmittags in Seims Geschichte gelesen. Nach dem Abendeßen unterhielt ich mich mit verschiedenen Personen.

Den 26ten July, Mont:

Früh gegen 6 Uhr erhieltn wir Ordre uns bereit zu halten, daß wir jede Stunde marschiren könnten; wir erfuhren dabei, daß die Avantgarden gestern bei Kobrin[18] ein Gefecht mit den Rußen gehabt hätte und das der Rittmeister v. Lindemann und Lt: v.Reitzenstein von Husaren bei dieser Gelegenheit bleßirt worden übrigens aber daß dieses Gefecht zum Vortheil der Sächsischen Truppen ausgeschlagen wäre. Vormittags beschäftigte ich mich durch verschiedene Verrich-tungen. Nachmittags gelesen. Gegen Abend

---

[18] Kobryn

bei der Brodausgabe gewesen; später erfuhren wir daß der Rittmeister v.Heymann und Lt: v.Saltza vom Hulanen Regiment von den Rußen gefangen genommen worden wären. Nach dem Abendeßen unterhielt ich mich bei dem Lt. Tippmann mit mehreren meiner Kameraden.

Den 27ten July, Dienst:

Früh morgens hörten und beobachteten wir ein starkes Artilleriefeuer, welches uns ohngefähr 9 – 10 Meilen weit entfernt schien. Vormittags las ich im Aresthoteles. Nach Tische schliefen wir sämmtlich eine Zeit lang dann schrieb ich und las mehrere Anektoten aus dem Leben Friedrich II., nachher unterhielt ich mich auf einem Bunde Heu lange Zeit mit dem Lt: Schulze und Lt: v.Kotsch. Nach dem Abendeßen wurden und Neuigkeiten von dem heutigen Gefecht hinterbracht, welches sehr zum Vortheil unsrer Truppen aufgefallen sein sollte. Diesen Abend sind auch 3 pleßirte Offiziere vom Gefecht am 25 im Kloster über der Stadt angekommen.

Den 28ten July, Dienst:

Früh ½ 8 Uhr ritt ich nebst dem Lt: Schulze in die Stadt und besuchte mit demselben den Major v.Kleist vom Grenad: Batt; v.Brause; dieser sagte uns, daß ein französischer Kourier, dem wir auch auf dem Wege in die Stadt begegneten, ihm erzählt hätte, Riga wäre im Sturm eingenommen, die Franzosen über den Fluß Dwina gegangen und nur noch 80 Meilen von Petersbourg. Nachdem wir noch mit dem Lt: v.Planitz und v.Linsingen gesprochen, ritten wir auf einen Edelhof über der Stadt wo wir eine frische Milch aßen, nachher besuchten wir die im Karthäuser Kloster pleßirten Offiziers, daselbst sprach ich auch den PrLt: Schaffel und noch mehrere andre Offizier die zur Dekkung der Kriegskaße commndirt waren. ¾ 1 Uhr kamen wir wieder, nachdem wir zuvor mit dem Lt: v.Einsiedel, welcher durch einen unglüklichen Sturz vom Pferde das Bein gebrochen hatte, auf unsern Bivouac an. Nachmittags traf der Lt: Brük der bis her mit uns marschirte und als die Armee avancirte mit ihr ging, wieder bei uns ein, er erzählte uns mehrere Neuigkeiten, unter andern auch, daß die Brigade Klengel außerordentlich gelitten und bis jetzt noch nichts entschieden wäre. Nach dem Abendeßen kam die Nachricht, daß wir morgen früh wahrscheinlich retiriren würden und daß es um die Brigade Klengel nicht gut stünde.

Den 29ten July, Mittw:

Plötzlich trat früh morgens nach 3 Uhr der Major v.Tennekker in die Scheune und brachte die Ordre sogleich wieder zurük nach Koßow zu marschiren. Es wurde daher augenbliklich gepakt, angeschirrt und eingespannt und gegen ½ 5 Uhr aufgebrochen. Unterwegs fing die Axe eines Wagens zweimal an zu brennen, auch wurden wir einmal durch einen falschen Lerm, daß nehmlich beim Parc de Vivres die Bauern Pferde und Menschen todtschlugen, in unserm Marsch gestört. ¾ 1 Uhr trafen wir in Koßow, wo wir sämmtlich in einer Scheune liegen, ein. Nach dem Eßen wurde eine Zeit lang geschlafen, dann kam der PrLt: v.Sommerfeldt von den Schützen, welcher sehr schlechte Nachrichten von der Brigade Klengel brachte nehmlich: daß sie fast ganz aufgerieben und der General gefangen worden wäre, ich war daher um meinen guten Fritz von dem er nichts wußte den ganzen Abend über sehr besorgt und traurig. Morgen sollen wir bis Rozannow retiriren und Nacht um 1 Uhr aufbrechen.

Den 30ten July, Donnerst:

Früh morgens nach 2 Uhr abmarschirt und gegen 11 Uhr in Rozannow 4 Meilen von Koßow angekommen. Wir liegen alle in 2 Stuben, welche aber nicht zum besten ausehen daher wir uns auch die meiste Zeit vor der Thüre aufgehalten haben, es besuchten uns den Nachmittag über eine Menge Offiziers von andern Regimentern mit denen wir uns unterhielten. Nachmittag erfuhr ich durch den Lt: Birnbaum, daß der General v.Klengel, Fritz, Heintz alle Offiziers der Brigade so wie auch der PrLt: Kaiser und S:Lt: Glowakki von unsern Regimente für bestimmt gefangen wären. Gegen Abend suchte ich Louisn, der in dieser Stadt liegt, auch ich fand ihn zwar, konnte aber nur, weil er Geschäfte hatte ein paar Worte mit ihm wechseln, er antwortete mir, als ich ihn nach Fritzen fragte, er wäre wahrscheinlich noch am Leben; dieses wahrscheinlich machte, daß sich für den ganzen Abend Furcht und Hoffnung meiner bemächtigte. Als ich in der Stadt war, marschirten mehrere Batterien und Regimenter durch dieselbe, daher ich mehrere Bekannte sprach. Nach dem Abeneßen unterhielt man sich vor der Hausthüre von verschiedenen Sachen. Vor Rozanna liege ein großes schönes Schloß, welches aber schon wieder am Eingehen ist. Uibrigens ist die Stadt wie alle übrige Städte des Rußischen Pohlen durch die wir bisher gekommen sind außer Bialystok und Slonim fast ganz von Holz erbaut. Die Häußer bestehen alle nur aus einem Parterre. Morgen sollen wir Rasttag haben.

Den 31ten July, Freit:

Plötzlich kam nach 4 Uhr, als wir noch in guter Ruhe schliefen die Ordre sogleich nach Slonim zu marschiren, es wurde daher alle Anstalten dazu gemacht, doch ehe noch marschirt wurde, erhielten wir, nachdem wir zuvor nach Zelwia hatten marschiren sollen, Ordre bis auf weiteren Befehl zu warten. Endlich kam gegen 7 Uhr der Befehl so geschwind wie möglich nach Slonim aufzubrechen. Gegen ½ 8 Uhr ritt ich vom Platz. Als wir das Städtchen Rozanna paßirt hatten, bekamen wir 3 Piecen von der Sonntagschen Battrie unter Commando des Lt: Götzel und das neue Bataillon von Bose[19] zu unserer Dekkung. Wir mochte ohngefähr 1 Stunde marschirt sein, als uns am Anfange eines Waldes ein Unteroffizier nachgesprengt kam und den Befehl brachte so lange zu halten bis Ordre zum weitern Marsch käme; es dauerte nicht lange kam uns auch den OberstLt: v.Hoyer nach, dieser brachte, daß wir nicht nach Slonim sondern nach Berezcin gehen sollten; nach ohngefähr $^5/_4$ Stunden Aufenthalt geschah dies auch und wir schlugen nachdem wir eine Weile aus dem Wald waren einen Weg links ein. Abends 6 Uhr kamen wir auf dem Bivouac an einem Edelhofe über dem Städtchen ...., bei welchem wir einen ziemlichen Berg zu paßiren hatten, an. Wir liegen fast alle in einer sehr großen Scheune des Edelhofs und sprachen den Abend über von verschiedenen Gegenständen. Wir sind heute ohngefähr 4 Meilen weit marschirt.

---

[19] Das Bataillon Bose setzte sich aus den Überresten der bei Kobryn in Gefangenschaft geratenen Regimenter König und Niesemeuschel zusammen.

Abb. 08   Kossow, Pinsk, Kobryn, Brest (Przesk)

Den 1ten August 1812, Sonn:

Nach ½ 6 Uhr wurde bei starken Nebel, welcher sich nachher in einen ziemlichen Regen auflößte, abmarschirt; ohnweit diesem Edelhofe erfuhr ich, daß wir daselbst schon einmal Mittag gemacht hatten. ¾ 12 Uhr in der Stadt Brzecz nachdem ich mich zuvor, wegen etwa vorfallenden Exceßen eine starke Stunde auf einem Edelhofe hatte aufhalten müßen, angekommen. Mit dem Lt. Götz, dem Ober-Roßartzt und zwei Zeugdienern liege ich in einer Bauernstube auf einem Dorfe nahe bei der Stadt. Gegen 1 Uhr gingen wir Offiziers in die Stadt um uns umzusehen und beim Grafen v. Ostramatzki zu eßen; zuerst frühstückten wir etwas in der Wohnung dieses Grafen, daselbst traf ich den Auditeur Trübenbach von der Brigade Klengel an; dieser sagte mir, daß Fritz gewiß noch lebte aber leicht bleßirt sein sollte, nachher ließen wir uns im hiesigen Dominikaner Kloster, daß sehr gut gebaut ist umherführen, in der Kirche deßelben waren etliche schöne Gemälde, dann wurde in das Schloß des Fürsten Sapieha gegangen, von außen sah dieses Schloß nicht so prächtig aus, weil es nur aus einem Parterre bestand, desto prächtiger war es aber von innen, indem es an außerordentlich schönen Möbeln und Gemälden nicht fehlte, auch die Stuben schön ausgemalt und tapeziert waren. Ueber der Straße dem Schloße gegenüber war ein herrlicher und ziemlich großer Park. Von dem Schloße gingen wir zur Mittagstafel zum Grafen von Ostramatzki. Nach dem Essen unterhielten wir uns noch etliche Stunden untereinander. Als ich aber wieder in mein Quartier gehen wollte, erreichte mich ein starkes Gewitter, deren an diesen Tage schon mehrere gewesen waren; ich kehrte daher im Schloß bei den 3 pleßirten Offiziers, die auch hier sind, ein und blieb daselbst weil noch mehrere Gesellschaft kam, bis es dunkel wurde; auf dem Nachhauseweg bekam ich doch noch ein starkes Gewitter auf den Hals und wurde, zumal da ich den rechten Weg nicht finden konnte und die Felder fast ganz überschwemmt waren, ziemlich naß dabei. Diesen Nachmittag brachte der Lt: Scholtz die Ordre nach Wielka Wola zu marschiren.

Den 2ten August, Sonnt:

¾ 7 Uhr ritt ich vom Platze. ¼ 1 Uhr kamen wir in dem Dorfe Szarra an einem Flüsschen gleichen Namens, an; über diesen Fluß mußte eine Schiffbrükke geschlagen werden, welche ¾ 1 Uhr zu bauen angefangen wurde und gegen ¼ 3 Uhr beendigt war. Bei diesem Baue hatte ich auch mein bischen Arbeit, indem ich einen durch Regengüße gerißenen Graben mit Faschinen, Reißig und Erde auffüllen laßen musste. Nach 3 Uhr wurde, nachdem unterdeß gefüttert worden war wieder aufgebrochen und über die Brükke marschirt. Ehe wir nach Wielka Wola kamen, welches gegen 6 Uhr geschah, hatten wir noch ein ziemlich starkes Gewitter nebst einem heftigen Regenguß zu überstehen. Wir haben heute einen Marsch von 3 Meilen gemacht und sind von der Schiffbrükke an durch lauter Wald marschirt; in diesem Walde erhielten wir die Nachricht, daß die Schiffbrükke stehen bliebe und wir wieder zurük marschiren würden, wann dies aber geschehen soll, wißen wir noch nicht. Den Abend über unterhielt ich mich am Feuer vor der Scheune mit mehrern meiner Kameraden. Der Corporal Todt vom Husaren Regiment, welcher noch spät eine Ordre gebracht, erzählte uns, daß von der Brigade Klengel nur wenig Offiziers und Mannschaften todt und bleßirt aber alle gefangen wären.

Den 3ten August, Mont:

Früh geschrieben und Vormittags ausgepakt und verschiedenes in Ordnung gebracht. Nachmittags das Tagebuch auf mehrere Tage berichtigt. Da wir morgen über Dereczin nach Zelwia marschiren sollen, pakte ich gegen Abend ein. Nach demn Abendeßen sprach ich eine lange Zeit mit den Lt: Götzel und begleitete ihn dann ein Stük zu seiner Paraque; auf dem Rükweg sah ich eine Weile ein Schauspiel an, welches einen nicht üblen Anblick gewährte. Es hatten sich nehmlich etliche von den Leuten den Spaß gemacht eine große Pechtonne anzubrennen.

Den 4ten August, Dienst:

Früh morgend bei guter Zeit kam Ordre über die Schiffsbrücke wieder zurück nach Zelwia zu marschiren, wir brachen daher um 7 Uhr auf, marschirten zurük wieder über die Schiffsbrücke nach Dereczin, woselbst von ¾ 4 bis gegen 6 Uhr Halt gemacht wurde. Beim Durchmarsch durch die Stadt besuchte ich mit einigen andern Kameraden den Grafen von Ostrametzki. Nach 8 Uhr kamen wir, nachdem heute 4 Meilen zurükgelegt worden waren auf dem Bivouacplatz ohnweit eines Dorfes an. Mit dem Lt: Götze und Pilz liege ich einer Paraque von Stroh und Brettern erbaut, die übrigen Offizers des Hauptparks liegen alle im Dorfe.

Den 5ten August, Mittw:

Nachdem wir früh 6 Uhr vom Platze abmarschirt waren und nach einigen Stunden das Städtchen Zelwia paßirt hatten, wurde nach 10 Uhr an einem Dorfe an welchen wir beim Marsche nach Slonim schon einmal die Nacht über hatten bleiben sollen, Halt gemacht und gefüttert. Gegen 12 Uhr wurde wieder aufgebrochen und nach 5 Uhr kamen wir in einem Dorfe bei dem Städtchen Wolkowice an. Hier sollen wir bis auf weiteren Befehl stehen bleiben. Ich liege mit dem Lt.Götze in einer Scheune, wo wir auch die Pferde haben müßen. Den Abend über unterhielten wir uns mit den Lt: Götzel.

Den 6ten August, Donnerst:

Früh ging ich mit den Lt: Götzel auf einen nahen Berg, welcher von unten aus gesehen, die Gestalt einer hohen Schanze hat, es aber nicht ist. Auf diesem Berge konnten wir ziemlich weit sehen und hatten eine ganz liebliche Aussicht. Die meiste Zeit des Vormittags geschrieben. Nach Tische hielt ich erst ein wenig Mittagsruhe und schrieb dann wieder. Gegen Abend besuchte ich mit den Lt: Götze den OberstLt: Hausmann Lt: Birnbaum, Schmidt und Tippmann. Vor dem Schlafengehen sprachen wir noch ein Stündchen mit dem Zeugdiener Wagner.

Den 7ten August, Freit:

Diese Nacht wurden wir durch die Pferde, welche sich verschiedene mal loßgerißen hatten und viel Lerm machten, oft im Schlafe gestört. Früh und Vormittags schrieb ich an meinem Tagebuche und fing einen Brief an die Mutter an, wurde aber oft dabei unterbrochen. Nachdem wir um 11 Uhr gegeßen, wurde Mittagsruhe gehalten, dann eingepakt und mit den PrLt: Schulze eine weit schönere Scheune bezogen. Gegen Abend schrieb ich wieder etwas an dem Briefe. Nach dem Abendeßen wurde von verschiedenen gesprochen.

Den 8ten August, Sonn:

Unvermuthet kam um 8 Uhr die Ordre um 10 Uhr aufzubrechen und nach Swislo zu marschiren, ich beendigte daher meinen Brief an die Mutter und machte mich zum Marsch fertig. 10 Uhr ritt ich ab; von 2 bis nach ½ 5 Uhr wurde bei dem Städtchen Moceibow Halt gemacht und gefüttert. Als wir durch die Stadt fuhren mußte plötzlich das Geschütz mit etwas Infanterie an die Ente der Kolonne, weil man erfahren hatte, das gegen 400 Kosaken in der Nähe wären; diese Nachricht, welche von einem Edelmann, der uns entgegen kam, ausgestreut worden, war aber falsch und wir kamen unangefochten ½ 9 Uhr, nachdem wir 4 Meilen weit marschirt waren in Swislo an. Zum Abendeßen waren sämmtliche Offiziers des Fuhrwesens auf dem Schloße des Grafen ...... dem das Städtchen gehört. Es war schon spät als wir wieder in unser Quartier, welches aus einem ganz neuen hölzernen Stalle besteht, wo jeder oder auch 2 zusammen einen Pferdestand hat, gingen.

Den 9ten August, Sonnt:

Gegen ½ 9 Uhr ging ich mit dem Lt: Götzel, der mir begegnete in die Stadt um mich umzusehen. Daß Städtchen, welches mehrere Thore hat ist sehr nett gebaut, fast vor jedem Hauße stehen bucherne, escherne oder erlne Bäume und zwischen 2 Häußchen ist alle mal ein Garten, übrigens sind die meisten Häußer und Gärten von einer Größe, erstere ganz von Holz und egal gebaut und von letzteren die hölzernen Wände, auf denen Racheten stehen auch gleich. Die Straßen sind sehr breit und reinlich. Auf der Mitte des Marktes der sehr groß und eierekkigt ist, stehet eine große Säule und vor der Kirche, welche von außen und innen niedlich, ein Thurm mit einer Glocken Uhr. Nachdem ich eine Zeit lang auf dem Markte mit einigen Kameraden gesprochen ging ich wieder in unsern Stall. ¼ 11 Uhr forderte mich der Hauptmann Sigismund auf mit ihm in den Park des Schloßes zu gehen, dies that ich auch, wir konnten aber in den Park selbst nicht kommen, indem er verschloßen war, und mußten uns daher bloß mit den Hineinsehen begnügen, wir zählten auf 40 Stük Damhirsch von verschiedenen Farben, welche in denselben auf einer Wiese weideten. Linker Hand der Allee, welche nach dem Schloße führt, ist der Park und rechter Hand ein französischer Garten, worinn ein Teich ist auf welchen sich eine Insel war und ein chinesisches Gasthaus steht, befindet; in diesen Gärten sahen wir uns um und gingen ½ 12 Uhr wieder zu Hauße. ½ 1 Uhr wurde zur Mittagstafel aufs Schloß gegangen und nach den Eßen ließen wir uns im Park herumführen, wir sahen darinn noch weit mehr Hirsche als heute früh, unter anderm zwei ziemlich große. Die übrige Zeit des Nachmittags schrieb ich in den Quartier des Lt: Schulze etwas. Abends ging ich, da es sehr stark regnete nicht aufs Schloß sondern blieb im Stalle. Den ganzen Tag über war feuchte Witterung und der Himmel sehr trübe.

Den 10ten August, Mont:

Ob wir uns gleich, da das Regenwaßer durch das Dach des Stalles häufig herablief, aus unsren Ständen in die Mitte deßselben, wo es weniger tropfte, gemacht hatten, so waren beim Erwachen unsere Sachen doch ziemlich naß und auf Mänteln und Dekken stand bei manchen ein ordentlicher Teich. Vormittags schrieb ich wieder bei dem Lt: Schulze und zog zu ihm ins Quartier, es ist in der Stadt und besteht aus zwei ganz lieblichen Stuben. Nach 1 Uhr wurde wieder aufs Schloß gegangen, von wo wir nach 4 Uhr zurükkamen. Dann schrieb ich bis gegen Abend verschiedenes. Zum Abendeßen war ich mit den Lt: Schulze auf dem Schloß.

Den 11ten August, Dienst:

Vormittags geschrieben und gelesen. Nach 12 Uhr auf dem Bivouac und dann, nachdem ich eine Zeit lang mit mehrern Cameraden auf dem Markte gesprochen, aufs Schloß gegangen. Als wir gegeßen, schiften wir einige Zeit auf dem im französischen Garten befindlichen Teiche umher und gingen nach 4 Uhr wieder zu Hauße, woselbst ich den Nachmiitag über etwas gelesen. Gegen Abend kam Ordre zum morgenden Marsch und die Nachicht, daß gestern bei Pruszany Affaire mit den Rußen gewesen wäre und dieselben retirirt wären. Nachdem ich eingepakt und das Tagebuch bis mit gestern beendigt, ging ich aufs Schloß von wo ich gegen 10 Uhr wieder nach Hauße kam. Heute Mittag sah ich auch einen lebendigen Adler in einem Käfig bei dem Schloße.

Den 12ten August, Mittw:

Nach 5 Uhr ritt ich aus meinem Quartier. Von ¾ 12 bis nach 2 Uhr wurde in einem Walde an dem Gasthof eines Dorfes Halt gemacht. Mit mehrern meiner Cameraden schlief ich 1 Stunde auf dem Kirchplatze, welcher mit einer hohen Hekke umzäunt war. ½ 8 kamen wir, nach einem Marsch von 5 Meilen in einem Dorfe an der Straße an, wo wir heute geblieben sind. Mit dem Ober-Regiments-Chirurg Güntz, dem Brigade-Auditeur Trübenbach, Lt: Schulze, Götze, und Ober-Roßarzt Mißbach liege ich in einer schönen ganz neuen Scheune. Wir haben auf unsern heutigen Marsch fast nichts als Wald zu paßiren gehabt.

Den 13ten August, Donnerst:

¾ 6 Uhr abgegangen und nach 12 Uhr auf den Bivuoac an einem Dorfe bei Pruszanny angekommen. Ich liege mit den Lt: Schultze und Götze in einer Scheune. Um 1 Uhr schreib ich, da der Lt: Scholtz und Rüger aus den Hauptquartier gekommen waren um die ganze Artillerie Munition abzuholen, noch ein paar Zeilen in den schon neulich gefertigten Brief an die Mutter, schloß denselben und gab ihn den Lt: Schöltz mit. Als dieses geschehen und ich eben in der Wagenburg war, erfuhr ich von einem Sergeanten der leichten Infanterie, zu meinem großen Bedrübniß, daß der gute Schellig gestern geblieben wäre. Nachdem ich etwas Suppe gegeßen ging ich mit dem Lt: Schulze in die Stadt um den Train Lt: Busch, der bei der Affaire am 10ten den rechten Arm eingebüßt zu besuchen bei demselben trafen wir den Lt: Schultze von 2ten leichten Infanterie-Regiment, der durch die Hand geschoßen und welcher mir die traurige Nachricht von Schelligen bestätigte. In Pruszany liegen noch mehrere von der gestrigen Bataille und der heutigen Verfolgung der Rußen etliche 100 Bleßirte Oestreicher und Sachsen deren stündlich auch noch mehrere kommen, auch befinden sich auf der Wache viele bleßirte und gefangene Kosaken, als wir uns diese letzteren besahen wurde wieder aufs Dorf gegangen. Beim Edelhofe erfuhr ich noch, daß der Amalie ihr Bruder 3mal bleßirt wäre. Heute haben wir einen Marsch von 3 Meilen gemacht und werden, da bei der Armee noch nichts entschieden vermuthlich morgen hier stehen bleiben.

Den 14ten August, Freit:

Vormittags geschrieben. Gegen 11 Uhr wurden wir durch ein nicht weit von unsrer Wagenburg entstandenes Feuer, daß aber zum Glück bald wieder gedämpft war allarmirt. Nach Tische besuchte ich den Lt: Schmidt und noch mehrere Kameraden, welche in der Kirche liegen, und las bei ihnen etliche Stunden in der Beschreibung des Kaiserthum Rußlands, dann kam der Lt: Brük mit welchen wir uns eine lange Zeit unterhielten. Gegen Abend wollte ich, da ich des heftigen Regens wegen den Nachmittag über nicht hatte weggehen können, der Amalie ihren Bruder besuchen konnte aber vor Koth und Morast nicht fortkommen und mußte daher wieder umkehren. Den Abend über war der Ober-Roßarzt Mißbach bei uns in der Scheune mit welchen wir über verschiedenes sprachen.

Den 15ten August, Sonn:

Vormittags fuhr ich mit dem Lt: v.Sommerfeldt in die Stadt und besuchte daselbst der Amalie ihren Bruder, Lt: v.Germer, v.Wedel und noch mehrere Offiziers der leichten Infanterie. Bei Holtzendorfen erfuhr ich zu meiner großen Freude, daß Schellig noch lebte. Nach Tische sah ich mit dem Lt: v.Sommerfeldt eine Zeit lang die Ouvriers arbeiten. Nach 3 Uhr brachte mir der Lt: Weinholdt die Nachricht, daß ich, da er Munition in Grodno holen sollte, einstweilen vor ihn in die Weißensche Battrie commandirt wäre. Ich pakte daher, weil ich morgen früh nach Kobrin abgehen sollte, gegen Abend meine Sachen ein. Nach dem Abeneßen besuchte ich noch meine Cameraden in der Kirche und unterhielt mich bis nach 10 Uhr mit ihnen.

Den 16ten August, Sonnt:

Anfangs wollte der Ober-Regiments-Chirurg Güntz mit mir nach Kobrin abgehen, da sich aber die Sachen geändert hatten und wir nicht nach Kobrin sondern nach Bukkowa kommen sollten, so musste ich, weil der Doktor in einem Tage nicht so weit gehen wollte, meinen Weg allein antreten. Gegen 6 Uhr marschirte ich mit dem Hauptpark, welcher heute nach Kybatschice geht, ab; blieb eine Weile bei demselben; ritt dann mit den Lt: Schmidt und Tippmann bis auf das 4 Stunden weite Dorf Zabin, wo sich am 12ten die Schlacht bei Potobbne angefangen, voraus; verließ selbige da sie hier Halt machen wollten, an diesen Orte und setzte meinen Weg durch Potobbna und über ein Stük des Schlachtfeldes fort. Nach ½ 11 Uhr traf ich links an der Straße liegend einen bei dem Gefecht gebliebenen Rußen, kam dann durch einen Wald und nachher durch eine sehr traurige und todte Gegend in welcher hin und wieder an der Straße mehrere todte Pferde lagen. Bei Kiwatschice, wo sich die Straße von Pruszany nach Kobrin von der nach Bulkowa trennt stieß ich auf den Parc de Vivres, durch diesen und die ohnweit der Straße rechts und links liegenden Dörfer wurde die Gegend etwas belebter. Von 3 bis ½ 5 Uhr machte ich auf einem solchen, rechts der Straße liegenden Dorfe Halt und ließ meine Pferde füttern. ½ 6 Uhr kam ich in ein Dorf wo der Major v.Kleist mit dem Park de Vivres Halt machte, hier hielt ich mich bei Sonntag eine halbe Stunde auf und lies mich dann durch einen Boten auf den Edelhof eines ½ Stunde weiter vorwärts liegenden Dorfes führen, um hier, da ich die 3 Meilen bis Bulkowa noch gerne heute zurücklegen wollte, einen reitenden Boten zu erhalten. Der Besitzer dieses Dorfes ein gewißer Major von Hofmeister, der in preußischen Diensten gestanden, war ein artiger Mann, sprach sehr gut Deutsch hatte viel Familie und verschaffte mir was ich haben wollte. Kurz vor Sonnenuntergang ritt ich mit meinem Boten von diesem Orte weg und kam nachdem ich mehrere Dörfer und auch ein Städtchen paßirt hatte um 11 Uhr in einem Dorfe an, woselbst ich da die Pferde und vorzüglich das des Boten nicht mehr recht gehen wollten auf dem Edelhofe deßen Besitzer deutsch sprach die Nacht über blieb. Die Länge des Weges den ich heute zurückgelegt beträgt ohngefähr 8 Meilen.

Den 17ten August, Mont:

Von meinem Wirth ließ ich mir heute früh, um die Pferde etwas zu schonen einen Wagen geben und fuhr in demselben, nachdem ich ein halb Stündchen vor Sonnenaufgang aufgebrochen, bis in das vom

Nachtquartier ohngefähr 2 Stunden entfernte Städtchen Bulkowa von wo aus ich ihn wieder zurückschikte. In Bulkowa traf ich die Armee nicht mehr fand aber eine Ordre in welcher befohlen war, daß alles was zum Corps gehört demselben schleunigst nach Brzesc folgen sollte, ich ließ daher auf einem großen Edelhofe, wo ich die Ordre gefunden, meinen Pferden etwas Futter vorlegen und ritt gegen 8 Uhr nach der 6 Stunden von Bulkowa entfernten Grenzstadt Brzesc ab. Ich war noch keine Viertelstunde geritten, so begegnete mir der General Regnier, welcher in Begleitung seines Adjutanten und etlichen Husaren Bedeckung recognosciren ritt. Der Weg nach Brzesc, woselbst ich ohngefähr 12 Uhr ankam führte mich durch einen sehr schönen Eichenwald. Übrigens hatte ich oft tiefen Sand. Schon vor der Stadt, erfuhr ich von den Lt. v.Pöllnitz, der auf Pferderequisition commandirt war, daß wenn ich hinein kommen würde, die Armee vermuthlich schon wieder abmarschirt wäre, welches auch seinen Grund hatte. Ich ritt daher, nachdem ich mich 2 Stunden in Brzesc aufgehalten hatte, derselben nach, und traf Abends nach 9 Uhr auf dem Bivouac bei Rudof in der Battrie, welche auch nur erst daselbst angekommen war, ein; nachdem ich mich gemeldet und eine Strohbaraque, in der ich mit den Lt: Hübner und Serg: Blume[20] bin, gebaut worden war, wurde sich niedergelegt. Heute habe ich einen Weg von 8 Meilen zurückgelegt. In Brzesc erfuhr ich von den Lt: Scholz, daß Schellig gesund und wohl wäre.

---

[20] Sergeant Blume (11.Kompanie)

Den 18ten August, Dienst:

Anfangs sollte früh 7 Uhr abmarschirt werden, es geschah aber nicht. Wir warteten bis Nachmittags fast von Minute zu Minute auf Marschordre, um welche Zeit wir erst hörten, daß es heute nicht fort ginge; ich besuchte daher noch gegen Abend, nachdem ich vorher einen Brief von der Mutter erhalten, meinen Bruder Louis, welcher ohnweit unseres Bivouacs auf einem Edelhofe liegt, war dann eine Zeit lang beim Lt: Plesch und unterhielt mich bis zur Schlafenszeit mit den Lt. Hübner und Serg: Blume. Vormittags schrieb ich etwas und Nachmittags sprach ich mit den Lt: Birnbaum und Ober-Regiments-Chirurg Güntz, welche beide aus dem Hauptpark kamen.

Den 19ten August, Mittw:

Früh gegen 7 Uhr wurde abmarschirt und nach 9 Uhr kamen wir auf unserem heutigen in einem Walde befindlichen Bivouac, der noch nicht 2 Stunden weit vom alten ist, an. Hier hatten wir weder Futter für die Pferde noch sonst etwas zu laben, ich mußte daher, nachdem ich etwas ausgeruht gegen ½ 11 Uhr mit mehreren Trainsoldaten ausreiten, um ein Dorf aufzusuchen woselbst wir etwas Fourage requiriren könnten. Nach langen Reiten und auf verschiedenen Wegen im Walde, welche sehr wassereich waren, sah ich von weitem eine Mühle, die wir für diejenige hielten, vor welcher wir auf unsern heutigen Marsch vorbeigekommen waren, ich machte daher, nachdem ich zuvor von einem Bauern erfahren, daß Meilenweit kein andres Haus zu finden wäre, auf selbige zu und fand hier und in einem nebenliegenden Haus da mehrere Scheffel Korn, Hafer und auch etwas Gerste, wovon ich gegen 3 Uhr von erstern etwas von letzteren beiden aber alles mit auf den Bivouac brachte. Als ich etwas ausgeruht, besuchte ich den Hauptmann Sonntag in seiner Paraque und unterhielt mich die übrige Zeit des Tages mit verschiedenen Personen. Diesen Abend hieß es, daß wir vielleicht 4 Tage hier stehen bleiben müssen.

Den 20ten August, Donnerst:

Diese Nacht kam Marsch-Ordre, wir marschirten daher um 5 Uhr aus, hatten meistens Wald und zuweilen außerordentlich schlechten Weg und Klippeldämme[21] zu paßiren, machten von 12 – ½ 2 Uhr, nachdem vorher zweimal ein Viertelstündchen angehalten worden war, bei dem menschenleeren Edelhofe eines Dorfes einen Haupthalt, faßten Fourage und Brandwein daselbst und setzten unsern Marsch bis auf den Bivouac bei dem Städtchen Oltusz fort; hier kamen wir nach einem Marsch von 4 Meilen ½ 6 Uhr an, der matten Pferde wegen blieben mehrere Wagen und auch ein Kanon etwas weit zurück, welche erst lange nachher einzeln eintrafen. Wir waren noch nicht lange da, so besuchte uns der Lt: Schmidt. Hinter Oltusz wodurch wir nicht gekommen, sondern links der Stadt auf den Feldern vorbei marschirt sind, ist ein außerordentlich großer Teich. Ob morgen marschirt wird, ist noch nicht bekannt.

Den 21ten August, Freit:

Da es diese Nacht heftig regnete so wurden wir, obgleich uns eine Strohparaque bedekte doch ziemlich naß. Ehe wir abmarschirten, welches plötzlich mit den

---

[21] Knüppeldämme

Regim: Friedrich und Clemens geschah besuchte uns
der Lt: Bucher; auch heute hatten wir sehr schlechten
Weg und mußten große Strekken durch Wasser und
Sumpf gehen. ¼ 1 Uhr trafen wir mit den beiden
Regimentern auf den Bivouac bei dem Städtchen
Orekowo 2 Stunden von Oltusz ein, wir kamen auf den
linken Flügel neben dem Regiment Prinz Friedrich zu
stehen. Nachdem wir angekommen wurden einige
Geschäfte besorgt, ich lernte hier den Regiments-
Chirurg Schmidt von Prinz Friedrich, welcher seine
Paraque vor der unsrigen hat, kennen. Nach dem Eßen
wurde ein paar Stündchen Mittagsruhe gehalten. Gegen
Abend kamen die 2 Compagnien v.Niesemeuschel
untern Major v.Bose nebst den 3 Kanons von der
Battrie Sonntag unter Lt: Götzel aus dem Hauptpark
hier an, die beiden Kompagnien kamen neben der
Battrie Sonntag ganz auf den linken Flügel zu stehen,
ich besuchte noch den Major von Bose und unterhielt
mich den Abend über mit dem Lt: Götzel und den
übrigen.

Den 22ten August, Sonn:

½ 5 Uhr brach alles auf, wir hatten heute anfangs noch
weit größere Strekken Waßer als gestern zu paßiren,
dann wurde der Weg gut. Ohngefähr eine starke Stunde
vor dem Dorfe Tschetschko bei welchen wir heute
bivouaciren trafen wir das Grenadier-Bataillon v.Anger
nebst einem Theil der Battrie v.Brause welche Posten
genommen hatte. Um 12 Uhr kamen wir, nachdem,
weil die Weiserne Battrie bey der zweiten Division
aufmarschiren sollten, in Tschetschko hatten umkehren
müßen auf unsern Bivouac 2 Meilen vom alten an.
Nachdem die Strohparaque in der ich mit den Lt:
Hübner Serg: Blume und Chirurg Krumbholz liege

gebaut war schrieb ich etwas und suchte dann Schelligen auf, mit den ich mich bis es dunkel wurde unterhielt, wir waren bei diesem Wiedersehen nach einer so langen Trennung sehr vergnügt. Morgen ist Rast.

Den 23ten August, Sonnt:

Früh und Vormittags Dienst und verschiedene Ordre Geschäfte besorgt; auch besuchte uns der Lt: Rüger. Nach Tische war Schellig bei mir, hielt sich aber nicht lange auf, weil er ins Hauptquartier reiten wollte. Nachmittags geschrieben. Abends war der Lt: Götzel bei uns. Ob morgen marschirt wird, ist noch nicht bekannt.

Den 24ten August, Mont:

Sehr früh kam Marschordre, wir brachen daher gegen 6 Uhr auf, marschirten aber nur bis an das andre Ende des Dorfes, welches ziemlich lang war, hier mußten wir einen neuen Bivouac beziehen, kamen aber auf demselben, weil verschiedene Hindernisse im Weg waren erst ½ 8 Uhr zum Auffahren. Wir hatten diesen Bivouac kaum bezogen so erhielten wir den Befehl, daß um 11 Uhr abgekocht sein sollte, weil nachher vermuthlich weiter marschirt werden würde, wirklich mußten wir auch um 12 Uhr wieder aufbrechen. Nachdem einpaarmal etliche Minuten und einmal ½ Stunde angehalten worden war, wurde bei einem Dorfe in welchen Oestreicher unter dem General v.Trautenberg lagen, Halt gemacht um hier Befehl zu erwarten, ob weiter marschirt werde oder ob wir hier bleiben sollten. Als wir ziemlich lange gewartet und es schon ganz dunkel geworden kam der Befehl noch weiter zu marschiren; ½ 12 Uhr endlich rükten wir

nach 9 Stunden Marsch im Bivouac bei Luboml ein
und legten uns ohne weiteres Zaudern unterm freyen
Himmel nieder.

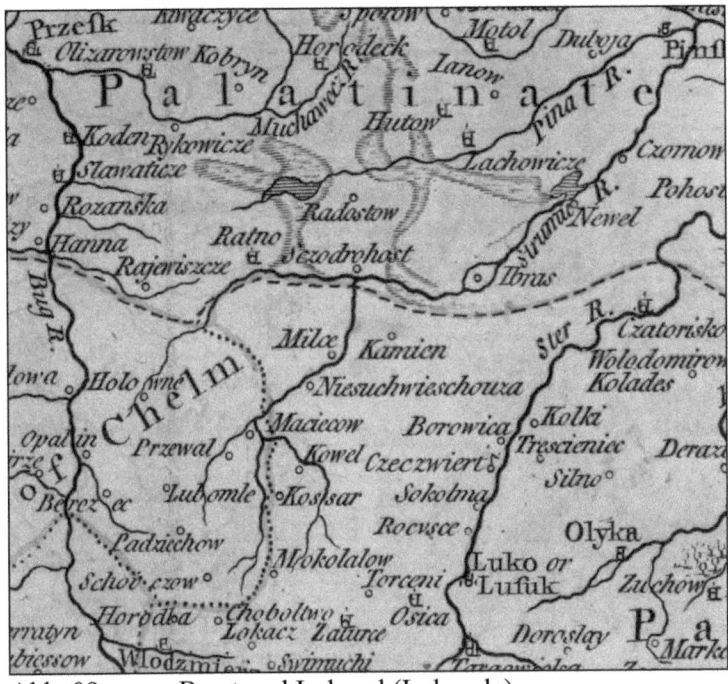

Abb. 09   Brest und Luboml (Lubomle)

Den 25ten August, Dienst:

Heute ist Rasttag. Früh und Vormittags Dienst und
andre Geschäfte besorgt. Nach Tische spatziren
gegangen, dann geschrieben. ¾ 5 Uhr fing sich
plötzlich Kanon und schon ziemlich starkes
Tiralleursfeuer an, die Pferde wurden daher angeschirrt
und eingespannt und alles übrige hielt sich dergestalt
bereit auf erhaltene Ordre sogleich marschiren zu
können, jedoch kam diese Ordre nicht. Das Feuern war
zuweilen links zu weit aber wieder eine halbe Stunde

später weiter rechts und mochte fast keine Stunde von uns entfernt sein, denn wir konnten sogar den Rauch beim Abfeuern sehen. Später wurde es etwas heftiger indem auch das Bataillon Feuer anfing, dies dauerte aber nicht lange und sobald es dunkel wurde hörte man gar nichts mehr. Während des Feuers kam ein Regiment Oestreichischer Jäger im Geschwindschritt bei uns vorbei und ging vorwärts, der größte Theil unsrer und der oestreichischen Equipage aber kam zurück; bei dieser Gelegenheit lernte ich den Auditeur der Brigade Gablenz, deren Equipage neben uns auffuhr, kennen; mit diesen unterhielten wir uns den ganzen Abend. Als alles ruhig geworden ging die Equipage wieder in die Stadt und wir legten uns nieder.

Den 26ten August, Mittw:

Als es dämmerte rükten wir, weil wir in der Nähe des Feindes waren, aus und standen eine Zeit lang unter den Waffen; nach dem Abtreten legten sich einige, worunter auch ich war, wieder nieder und schliefen noch eine gute Stunde. Früh, Vormittags und nach Tisch, welches letztre heute schon ziemlich spät war, gelesen, dann auf eine Wiese spatzieren gegangen. Abends schrieb ich, da bald ein Courier nach Dresden abgehen soll einen Brief an die Mutter und schikte ihn noch zur Bestellung durch eine Laufordonanz in die Stadt. Die Ursache des gestrigen Gefechts war eine rußische Recognoscirung auf die Stellung unsrer und der oestreichischen Armee.

Den 27ten August, Donnerst:

Früh war es ziemlich lebhaft bei uns. Es kamen nehmlich eine Menge Juden, welche mehrere Wagen mit Wein, Semmel, Butter und verschiedenen andren

Sachen zum Verkauf brachten, da dann alles herzuströmte um einzukaufen; ich hatte um diese Zeit Dienst. Vormittags las ich und sprach mit mehreren Kameraden. Nach Tische mich mit den Lt: Bucher ein Weilchen unterhalten, dann in eine Eichenallee spatzieren gegangen und nachher bis zum Abend geschrieben. Nach dem Abendeßen war ich bis zum Schlafengehen bei dem Hauptm: Ruvroy Lt: Rüger und Plesch, wo sich noch mehrere Kameraden versammelt hatten.

Den 28ten August, Freit:

Sehr früh kam der Befehl zu marschiren. Kurz vor Sonnenaufgang wurde aufgebrochen, wir waren kaum eine Viertelstunde vom Platz so mußten wir auch schon sehr lange halten und auf den Abmarsch der Armee warten, als dieser geschehen und wir den Marsch fortsetzten überholte uns der sämmtliche Generalstaab, ich bekam hierbei zu meinem großen Aerger den Brief, den ich vorgestern an die Mutter geschrieben, vom Adjutant Vogel wieder zurück. Nach einem ziemlich langsam von statten gehenden Marsch wurde um 12 Uhr ohnweit des Städtchens Macejew Halt gemacht und gefüttert, als ich etwas gegeßen, nahm ich Urlaub um mich in den Städtchen, daß von außen ganz lieblich aussah, umzusehen; wirklich entsprach es auch meiner Erwartung, die Häußchen waren zwar bloß von Holz doch gut gebaut und weiß angestrichen, auf den Gaßen sah es reinlich aus. Das vorzüglichste dieses Städtchens aber war das schöne Schloß nebst Garten, welches einem reichen rußischen Grafen, der sich in Petersburg aufhält, gehört, seine Familie, welche ziemlich stark ist hat jetzt ihren Sitz hier. Bei dieser machte der Generalstaab Mittag. Eben als die Battrie nach 2

Stunden Halt aufbrach, kam ich wieder aus der Stadt zurück. ½ 5 Uhr rükten wir, nachdem wir anfangs noch weiter hatten marschiren sollen, auf den Bivouac bei dem Dorfe ……… worinnen das Hauptquartier ist. Indem die Paraque gebaut wurde, ging ich in ein schönes Wäldchen das sich nicht weit von unsren Bivouac befindet spatzieren. Diesen Abend peinigten uns die Mükken oder vielmehr eine Art Stechfliegen außerordentliche 6 Stunden.

Den 29ten August, Sonn:

Diese Nacht kam Befehl heute zu marschiren. Gegen 6 Uhr brachen wir auf und kamen … Uhr, nachdem unterwegs ½ Stunde angehalten worden und wir 4 Stunden Wegs zurükgelegt hatten bei dem Städtchen Turysk an. Ich wurde hier sogleich mit meiner halben Division auf eine Anhöhe an der Straße detaschirt und mußte daselbst Position nehmen; das eine Kanon nebst dem Haubitz wurde rechts der Straße nach der Stadt zu, das andre aber links derselben gestellt; rechts neben mir standen etliche Ecadrons von Polenz Dragoner, welche aber einige Stunden nach meiner Ankunft Cantonnirungsquartiere bezogen. Nach Tische sprach ich und meine Unteroffiziers eine Zeit lang mit einem Rittmeister von Polenz Dragoner. Die Dragoner waren kaum in die Cantonnirungsquartiere gerükt, so kam auf dem Platz wo selbige gestanden ein Feuer auf, welches da der Wind heftig wehte und der Boden an den meisten Stellen mit einer halben Elle Stroh war, mit einer außerordentlichen Schnelligkeitheit um sich griff und was das Schlimmste war, die Richtung grade nach meinen Munitionswagen zu nahm; nach vieler Mühe aber waren wir so glücklich es noch zu dämpfen. Als meine Paraque gebaut schrieb ich bis zum Abend verschiedenes. Nach den Abendeßen unterhielt ich mich mit meinen Unteroffiziers. Morgen ist Rast und zwar der erste, welcher ordentlich befohlen ist. Sehr spät erfuhr, daß diejenigen Rußen mit denen wir es zu thun haben sehr stark retirirten und die große Armee von den Franzosen totaliter geschlagen worden wäre.

Den 30ten August, Sonnt:

Als es dämmerte rükte ich mit meinen Leuten aus und legte mich nach den Abtreten wieder nieder. Vor und Nachmittag geschrieben. Gegen Abend besuchte ich den Lt: Hübner. Nach dem Abendeßen wie gestern, heute paßirte der General Regnier nebst Suite und der Fürst von Schwarzenberg etliche mal meine halbe Division auch waren die Majors von Großmann und Auenmüller bei mir. Morgen ist Rast.

Den 31ten August, Mont:

Vormittags und nach Tische gelesen, dann geschrieben. Gegen Abend exerzirte das 1te leichte Infanterie-Regiment wobey ich zugesehen. Nach dem Abendeßen wie gestern.

Den 1ten September, Dienst:

Vormittags und Nachmittags geschrieben und Briefe gelesen. Gegen Abend besuchte ich den Lt: Hübner und ging mit diesen zum Hauptmann Rouvroy und Lt: Ruger. Nach den Abendeßen war ich wieder bei den Hauptmann Rouvroy und Lt: Rüger, wo sich noch mehrere Regimentskameraden versammelt hatten. Den Nachmittag und Abend über regnete es sehr oft.

Den 2ten Septenber, Mittw:

Vormittags und Nachmittags, nachdem ich Mittagsruhe gehalten, etwas geschrieben. Um 5 Uhr besuchte mich Schellig, hielt sich aber nicht lange bei mir auf. Nach 6 Uhr ging ich zum Hauptmann Rouvroy Lt: Ruger und Plesch woselbst eine Zusammenkunft von fast allen Offiziers aus den Battrien und der Regiments Artillerie war; die Hautboisten von Anton machten Musik dabei. Gegen ½ 12 Uhr ging ich, nachdem ich mich den Abend über mit meinen Kameraden divertirt wieder in meine Baraque.

Den 3ten September, Donnerst:

Von den Lt: Blaßmann hatte ich gestern Abend erfahren, daß heute ein Courier nach Sachsen abgehen würde, ich ließ mich daher bei guter Zeit wekken schrieb an die Mutter und trug gegen 8 Uhr den Brief zum Hauptmann Gau, welcher ihn da mit den seinigen durch eine Laufordonnanz an den Lt: Blaßmann schickte; von da ging ich zum Lt: Rüger und blieb eine Weile bei demselben. Ohngefähr um 10 Uhr bekam ich einen Brief von der Jettel vom 21ten August. Vormittags verschiedene Geschäfte besorgt. Nach Tische geschrieben. Nach 2 Uhr besuchte ich Louisn in der Stadt, las bei ihm die Leipziger Zeitungen und ging um 4 Uhr wieder auf meinen Bivouac; daselbst fing ich, da mir Louis gesagt hatte, daß der Courier nicht so bald abgehen würde, einen Brief an die Jettelen an mußte ihn aber, weil ein ziemlicher Regen kam, für diesen Tag liegen laßen. Nach dem Abendeßen war ich beim Hauptm: Rouvroy Lt: Ruger und Plesch wohin auch der Hauptm: Gau, Lt: Hirsch und Hennig kam. Die Unterhaltung war bis nach 10 Uhr um welche Zeit wir wieder in unsre Baraque gingen sehr angenehm. Uebermorgen soll wieder marschirt werden.

Den 4ten September, Freit:

Früh beendigte ich nachdem ich vorher den Lt: Ruger besuchte meinen Brief an die Jettel. Bis gegen Mittag war es empfindlich kalt. Als ich nach 11 Uhr gegeßen, wurde verschiedenes besorgt. Nachmittags etwas geschrieben und eingepakt; da Louis schon abgereißt war, erhielt ich meinen Brief wieder zurück. Gegen Abend besuchte ich den Lt: Hübner, Rüger und Plesch. Nach dem Abendeßen wie gestern und wurde heute in der Karte gespielt.

Den 5ten September, Sonn:

Früh 6 Uhr abmarschirt, in der Stadt stieß ich wieder zur Battrie. Von 11 – ¼ 1 Uhr wurde Halt gemacht; ich unterhielt mich mit dem Oberfeuerw: Vogel und Feuerw: Conrad[22]. ½ 2 Uhr kamen wir, nachdem wir 5 Stunden zurükgelegt hatten, auf dem Bivouac ohnweit des Dorfes Macowice an. Nachdem die Baraquen gebaut etwas geschlafen. Abends war ich bei Rugern. Auf unsern heutigen Marsch sahen wir rechts und links auf den Feldern mehrere von Korn zusammengesetzte Haufen, welche die äußerliche Gestalt mittelmäßiger Scheuern hatten.

Den 6ten September, Sonnt:

Sehr früh kam der Befehl uns heute dergestallt bereit zu halten, daß wir auf eingegangene Ordre sogleich marschiren könnten. Früh besuchte ich Rugern, war

---

[22] Ober-Feuerwerker Vogel (11.Kpn) und aggr. Feuerwerker Conrad (7.Kpn)

dann, nachdem ich etwas Dienst gehabt, noch bei einigen Kameraden. Nach Tische in den Wald spatziren gegangen; als ich nachher eben bei Rugern war, kam der Lt: Weinholdt mit den wir uns die übrige Zeit des Tages unterhielten. Nach dem Abendeßen in der Bonniotschen Battrie gewesen.

Den 7ten September, Mont:

Auch heute früh erhielten wir einen den gestrigen ähnlichen Befehl. Vormittags bei Rugern dann spatziren gewesen und nachher geschrieben. Nachmittags regnete es heftig, wir wurden daher ob wir gleich in unsrer Baraque lagen doch zeimlich naß. Der Lt: Weinholdt ist diesen Nachmittag als ich eben bei dem Hptm: Gau war, in den Hauptpark zurükgegangen um Munition zu holen, ich bleibe daher noch einige Tage hier. Gegen Abend besuchte ich den Lt: Götz und Bakkenberg. Nach den Abendeßen beim Hauptmann Gau woselbst noch mehrere Kameraden waren, gewesen. Man unterhielt sich durch Gespräche.

Den 8ten September, Dienst:

Früh und diese Nacht wehte ein sehr kalter Wind, wir froren daher, da zumal unsre Bekleidungsstükke noch von gestern naß waren, diese Nacht so ziemlich Vormittags hatten wir und die Sonntagsche Battrie Revue vor dem Major von Großmann, es wurden hierbei 4 silberne Medaillen ausgetheilt, davon erhielten die beiden Chirurgen Krumbholz und Schwarze die beiden aggrirten Sergeanten Rüderslig und Behnken[23] jeder eine. Nach Tische nachdem eine

---

[23] Die Kompanie-Chirurgen Krumbholz und Schwarze sowie der aggr. Sergeant Christian August Behnken (3.Kpn.) sind feststellbar.

neue Baraque gebaut worden spatziren gegangen.
Nachmittags besuchte mich Schellig und bat mich auf
Morgen zu sich. Gegen Abend bei Bakkenbergen und
nach den Abendeßen beim Hauptmann Rouvroy Lt:
Ruger und Plesch gewesen; bei letztern ihrer Paraque
hatten sich der Major Auenmüller Hauptm: Gau Lt:
Oertel und noch mehrere Kameraden versammelt, es
wurde sich hier bis nach 10 Uhr an Caminfeuer durch
Gespräche unterhalten.

Den 9ten September, Mittw:

Nachdem ich Dienst und verschiedene andre Geschäfte
besorgt, machte ich mich nach 11 Uhr auf den Weg zu
Schelligen; er stand ½ Stunde vom Lager auf
Feldwacht und ich hatte lange zu suchen, ehe ich ihn
fand, wir waren bis gegen Abend, um welche Zeit ich
wieder zurükging, sehr vergnügt miteinander, Abends
bekam ich von den Lt: Bakkenberg einen Fuchs
geschenkt. Nach dem Abendeßen wie gestern, nur
wurde in der Karte gespielt. Diesen Morgen war es so
kalt, daß auf den Waßer in den Eimer eine Eisschicht
zu sehen war.

Den 10ten September, Donnerst:

Früh spatziren gegangen und Vormittags geschrieben.
Nach Tische sprach ich mit den Lt: Tippmann und
Rechnungsführer Gottschalk, welche vorgestern ins
Hauptquartier gegangen und heute von daher wieder
zurükgekommen sind. Nachmittags die Parolbefehle
von mehrerern Monaten gelesen. Nach dem Abendeßen
beim Rügern gewesen, woselbst in Gesellschaft noch
mehrerer Kameraden, von verschiedenen Sachen
gesprochen wurde. Morgen früh soll exerzirt werden.
Heute kam der Befehl, daß, da wir vermuthlich noch

lange hier stehen bleiben würden, das Lager heute gehörig gereiniget und dauerhafte Baraquen gebaut werden sollten.

Den 11ten September, Freit:

Gegen 8 Uhr zum Exerziren en Battrie ausgerükt, dann bis Mittag verschiedenen Dienst und andre Geschäfte gehabt. Nach Tisch Rugern besucht, nachher bis gegen Abend an dem Plan der Schlacht bei Potobna gezeichnet. Nach dem Abendeßen erst mit Schelligen gesprochen, dann wir gestern.

Den 12ten September, Sonn:

Früh Dienst gehabt und Vormittags, nachdem ich ein wenig spatziren gegangen gezeichnet. Nachmittags ebenfalls gezeichnet mußte aber schon nach 4 Uhr aufhören, indem es an zu regnen fing. Gegen Abend Dienst. Nach dem Abeneßen bei Rugern gewesen.

Den 13ten September, Sonntag

Diese Nacht gegen 12 Uhr kam der Prlt: Weicholdt von Wlodawa wieder ging aber sogleich ins Hauptquartier Kyselin ab. Früh wie gestern Vormittag, nachdem ich einige Kamerade besucht geschrieben. ½ 11 Uhr kam der Prlt: Weicholdt aus dem Hauptquartier und benachrichtigte mich, daß ich nach Turysk commandirt werden würde, um von da Munition hierher zu bringen. Noch ehe wir Mittag aßen kam der Major von Hoyer auf den Bivouac und brachte den Befehl, daß ich noch heute in den Hauptpark und der Lt: Götzel nach Turysk, um die Munition zu holen, abgehen sollten; ich pakte daher meine Sachen ein und ritt nach 1 Uhr in Gesellschaft des Lt: Götzel ab. Ohngefähr nach 4 Uhr kamen wir in Turysk an und quartirten uns in eine

Scheune in der noch der Zeugdiener Grünwald lag, ein; mit letzteren waren wir die übrige Zeit des Tages in einem Weinhause wo ein paar Boutiellien Wein geleert wurden. Nach dem Abendeßen noch eine Zeit lang von verschiedenen gesprochen.

Den 14ten September, Mont:

Früh morgens gegen 5 Uhr ging der Lt: Götzel mit seiner Munition und ich gegen ¼ 7 Uhr von Turysk bei regnerichten Wetter, welches auch den ganzen Tag angehalten ab. Ohngefähr ½ 10 Uhr kehrte ich auf einem großen Edelhofe ein um Mittag daselbst zu machen. Bis ¾ 12 Uhr um welche Zeit ich wieder abritt unterhielt ich mich mit dem Wirth mit einem pohlnischen Uhlanen Capitain, welcher da einquartiert war und mit noch zwei andern Männern abwechselnd. ¾ 4 Uhr kam ich im Quartier des OberstLt: Hausmann in Luboml an. Nachdem ich mich gemeldet und die Lt. Schmidt und Birnbaum besucht bezog ich mein einstweiliges Quartier bei dem Hauptmann Sigismund, ging dann zum Lt: Götz und Ober-Roßarzt Mißbach in deren Gesellschaft ich nachher den Abend über in der Brauerei wo der OberstLt: liegt und wo noch mehrere Offiziers sich versammelt hatten, war. Als es dunkel worden ging alles aus einander und ich zum Lt: Götz, blieb bis nach 8 Uhr bei demselben und machte mich dann wieder in mein Quartier, woselbst ich mich bis zum Schlafengehen mit dem Hauptmann Sigismund unterhielt.

Den 15ten September, Dienst:

Nach 9 Uhr ging ich zum Lt: Götz und Ober-Roßarzt Mißbach bei denen ich ein paar Stunden geblieben, daselbst verschiedenes gelesen und mich mit ihnen unterhalten; nachher besorgte ich mir ein andres Quartier bei einem Schuhmacher. Zum Mittag; wie künftig allemal bei Götzen gegeßen, dann gelesen auch nachher in meinem Quartier etwas geschrieben. Gegen Abend mich in der Stadt, welche eine von den besten ist, durch die wir bisher in rußisch Pohlen gekommen sind, umgesehen. Zum Abendeßen bei Götzen und Mißbachen gewesen, nach demselben unterhielt ich mich mit diesen beiden und dem Lt: v.Linsingen von König noch ein paar Stündchen.

Den 16ten September, Mittw:

Vormittags verschiedenes in Ordnung gebracht und mit den Feldprediger Löser zu Götzen gegangen. Nachdem ich nach dem Eßen eine Zeit lang beim Lt. v.Linsingen gewesen ging ich mit diesem in den hiesigen Schloßgarten welcher ziemlich schön und groß ist, es sind besonders viele Gewächshäußer darin und übrigens fanden wir Früchte und Blumen aller Art in denselben; vorzüglich noch sehr viel Johannisbeeren. Der Garten ist in zwei verschiedene Theile getheilt, davon der größere den Küchengarten und der kleinere einen englischen Park enthält. Das Schloß mag sonst auch schön eingerichtet gewesen sein; jetzt hat man ein Lazareth daraus gemacht. Als wir uns ein paar Stunden in diesen Garten aufgehalten, wurde erst in unsre Wagenburg und dann nach Hauße gegangen, woselbst ich gelesen. Gegen Abend in der Brauerei gewesen und nach den Abendeßen mit Götzen und Mißbachen in der Stadt anher spatziren und den Zeugdiener Klemm besucht.

Den 17ten September, Donnerst:

Nachdem ich nach 10 Uhr aus der griechischen Kirche, worinnen der Feldprediger Löhser bei dem Parc de Vivre Gottesdienst und Communion gehalten, gekommen, las ich etwas. Nachmittags gelesen und geschrieben. Nach 5 Uhr in den Schloßgarten spatziren und dann zum Lt: Götz gegangen, bei dem ich den Lt: Schöhn der von Warschau gekommen ist, antraf. Den Abend über bis ½ 10 Uhr mit Götzen und Schöhne auf der Brauerei gewesen.

Den 18ten September, Freit:

Früh nach 9 Uhr erfuhr ich, daß mein Hauptmann, der Capitän Sonntag diesen Morgen um 2 Uhr allhier gestorben wäre. Vormittags etwas französisches ins Deutsche übersetzt und französische Wörter gelernt. Nach Tische blieb ich noch eine Weile bei Götzen und unterhielt mich mit ihm dem Lt: Pilz und ObRA: Mißbach. Nachmittags gerechnet, geschrieben und gelesen. Gegen 6 Uhr zu Götzen gegangen und mit den Lt:Pilz bis gegen 11 Uhr bei selbigen geblieben.

Den 19ten September, Sonn:

Vormittags, nach Tische und Nachmittags wie gestern. Gegen 5 Uhr wurde der Hauptmann Sonntag zur Erde bestattet; wir Offiziers ginge daher alle mit zu Grabe; der Kirchhof war eine halbe Stunde weit und wir wurden da es stark regnete ziemlich naß, als es düster geworden war kamen wir wieder zurück. Den Abend über bis nach 8 Uhr war ich wieder bei Götzen und Mißbachen; ich erhielt daselbst den viertn Brief von Dresden vom 10ten September.

Den 20ten September, Sonnt:

Vormittags und nach Tische wie gestern, Nachmittags geschrieben. Nach 6 Uhr zu Götzen gegangen. Ich traf bei diesen den Lt: v.Linsingen und kam später der Lt: Pilz, wir spielten den Abend über theils auf dem Damenbret theils unterhielten wir uns durch Gespräche und gingen nach 9 Uhr wieder zu Hauß.

Den 21ten September, Mont:

Vormittags geschrieben. Nach Tische wie gewöhnlich, dann sprach ich den Lt: Bucher, welcher von Commando kam. Nachmittags einen Brief an die Mutter angefangen. Gegen Abend auf dem Platze, wo wir ehedem bivouacirten, spatziren gegangen. Abends wie gestern.

Den 22ten September, Dienst:

Vormittags meinen Brief an die Mutter beendigt. Nach Tische wollte ich mit dem Lt: v.Linsingen in den Schloßgarten spatziren gehen und holte ihn daher ab; als wir bis an den Lt: v.Gößnitz sein Quartier gekommen, stand dieser an der Thür und bat uns ihn doch zu besuchen, wir thaten dies; und ich blieb bis gegen 3 Uhr bei ihm und ging dann nach Hauße. Gegen ¼ 4 Uhr erhielt ich den Befehl, morgen in die Sontagsche Battrie abzugehen, indem ich aus dem Hauptpark dahin versetzt wäre, ich meldete mich daher sogleich beim Oberst Lt: Hausmann und pakte den Nachmittag über ein.

☙ ✳ ❧

Die Artillerie beim VII. Armeekorps

Nach der im Hauptquartier zu Radom verfertigten Monatsliste vom 30.04.1812 bestand die Artillerie der sächsischen Truppen beim **VII.Armeekorps** der Großen Armee aus:

Kommandant Artillerie :   **Oberstleutnant v.Hoyer**
Adjutant: **Pltn. Blaßmann**

Kommandant Train: **Major v. Tennecker** (b. Hauptpark)

1. (21.) Division   **Oberstleutnant v.Hoyer**

1. Fuß-Batterie

Capt. Brause	73 Mann	6 Geschütze
Pltn. Pommrich, Sltn. Hennig 2		
Train Sltn. Liebe	43 Mann	80 Pferde

Regimentsartillerie

Rgt. Prinz Friedrich	44 Mann	4 Geschütze
Sltn. Plesch		
Train	18 Mann	34 Pferde
Rgt. Prinz Clemens	44 Mann	4 Geschütze
Sltn. Schmidt		
Train	18 Mann	34 Pferde
Rgt. Prinz Anton	44 Mann	4 Geschütze
Pltn. Jenzsch		
Train	18 Mann	34 Pferde

Reserve-Park

Capitän Gau,	41 Mann	
Sltn.Schäfer, Sltn. Hennig 1		
Train	68 Mann	128 Pferde

2. (22.) Divison   **aggr. Major Auenmüller**
Adjutant: **Sltn. Oertel**

3. Fuß-Batterie

Capt. Bonniot,	73 Mann	6 Geschütze
Pltn. Hirsch, Sltn. Backenberg		
Train-Sltn. Kunert	42 Mann	80 Pferde

Regimentsartillerie

Rgt. König	44 Mann	4 Geschütze
Pltn. Kaiser		
Train	18 Mann	34 Pferde
Rgt. Niesemeuschel	44 Mann	4 Geschütze
Sltn. Glowacki		
Train	18 Mann	34 Pferde

Reserve-Park

Capt. Rouvroy 3,	40 Mann	
Sltn. Rüger, Sltn. Bucher		
Train	68 Mann	128 Pferde

Reserve-Artillerie   **Major v.Hoyer**
Adjutant: **Pltn. Weise**

2. Fuß-Batterie

Capt. Sonntag	73 Mann	6 Geschütze
Sltn. Götzel, Sltn. Eckhard		
Train-Sltn. Herzog	42 Mann	80 Pferde

4. Fuß-Batterie

Capt. Weisser,	73 Mann	6 Geschütze
Pltn. Weinhold, Slt. Hübner		
Train-Sltn. Pöllnitz	42 Mann	80 Pferde

Hauptartillerie-Park   **OSL Hausmann**
Adjutant: **Pltn. Birnbaum**

Capt. Sigismund   199 Mann
Pltn. Schmidt, Sltn.s Tippmann, Schulze, Scholz[24],
Aster sowie Ouvrier-Sltn. Götze

Train   309 Mann   590 Pferde
Sltn.s Lottom, Otto, Pilz

Die Offiziere des Hauptparks kamen von der:
2.Kompanie (Sigismund, Schmidt, Tippmann, Schulze)
4.Kompanie (Scholtz)

E.F. Aster selbst stand nach dieser Monatsliste bei der
5.Kompanie, zu der folgende Offiziere gehörten:

Capitän	Gotthelf Immanuel Sonntag
Premier-Ltn.	Gustav Günther
1ter Sous-Ltn.	Friedrich August Götzel
2ter Sous-Ltn.	Ernst Ferdinand Aster

---

[24] Sltn. Scholz fungierte als Adjoint von OSL Hoyer

Namensverzeichnis der im Text genannten sächsischen Offiziere

mit folgenden Angaben: Name im Text; vollständiger Name / Dienstgrad / Einheit / Patent vom

Auenmüller Johann Heinrich Auenmüller / Major / Rgt. Artillerie / 17.08.1810

Bakkenberg Carl Friedrich Backenberg / SousLtn. / Rgt. Artillerie / 21.03.1810

Birnbaum Heinrich Moritz Birnbaum / Prem.Ltn. / Rgt. Artillerie / 21.04.1810

Blaßmann August Friedrich Blaßmann / Prem.Ltn. / Rgt. Artillerie / 16.04.1810

Brause Joh. Leop. Rudolph Immanuel v.Brause / Capt. / Rgt. Artillerie / 02.05.1810

Britzki Carl Friedrich von Britzke / Major / Inf.Rgt. Prinz Anton / 24.04.1809

Brük Christian Leberecht Brük / Prem.Ltn. / Pontonier-Kpn. / 07.09.1810

Bose Carl Friedrich v.Bose / Capt. Inf.Rgt. Niesemeuschel / 07.01.1807

Bucher Ludwig Ferdinand Bucher / SousLtn. / Rgt. Artillerie / 11.06.1810

Bünau Rudolph v.Bünau / Capt. 1.leichtes Inf.Rgt. / 23.03.1808

Busch Adolph Heinrich Busch / SousLtn. / Train-Btl. / 28.06.1811

Eckhart Christian Gottlieb Eckhardt / SousLtn. / Rgt. Artillerie / 08.06.1810

Einsiedel	die Rangliste von 1812 gibt 3 Prem.Ltn. und 6 SousLtn-diesen Namens.
Gablenz	a) Franz Adolph v.Gablenz / Oberst / Inf.Rgt. Anton / 28.08.1807 b) Heinrich Adolph v.Gablenz / Oberst Clemens-Ulanen / 07.10.1809
Gau	Carl Christoph August Woldemar Gau / Capt. / Rgt. Artillerie / 28.04.1810
Germer	Carl Ewald v.Germar / SousLtn. / 2.leichtes Inf.Rgt. / 07.10.1809
Glowacki	Johann v.Glowacki / SousLtn. / Rgt. Artillerie / 19.03.1810
Großmann	Friedrich George v.Großmann / Major / reit. Artillerie-Brig. / 07.10.1809
Gößnitz	Wolf Ferdiand Moritz v.Gößnitz. / PremLtn. / Inf.Rgt. Niesemeuschel / 07.02.1811
Götze	Johann Carl Friedrich Götze / SousLtn. / Handwerker-Kpn. Artillerie / 09.11.1810
Götzel	Friedrich August Götzel / SousLtn. / Rgt. Artillerie / 17.01.1810
Gottschalk	Rechnungsführer des Train-Btl.s / 1811
Günz / Güntz	a) Gottlieb Heinrich Güntz / Ober-Regiments-Chirurg / Rgt. Artillerie / 17.08.1810; b) Carl Ludwig Güntz / Regiments-Chirurg / Inf.Rgt. Prinz Anton / 10.03.1808

Hausmann Johann August Haussmann / OberstLtn. /
Rgt. Artillerie / 18.08.1810

Hennig a) George Ludwig Wolf Hennig 1te /
SousLtn. / Rgt. Artillerie / 03.06.1810;
b) Johann Tobias Gottlob Hennig 2te /
SousLtn. / Rgt. Artillerie / 04.06.1810

Heering Carl August Hering / SousLtn. / Inf.Rgt.
Clemens / 16.12.1811

Heintz Friedrich Leopold v.Heintz / SousLtn.
Inf.Rgt. Rechten / 18.10.1807

Herzog Johann Peter Herzog / SousLtn. /
Train-Btl. / 09.02.1812

Heymann Carl Ernst Heymann / Capt.
Clemens-Ulanen / 23.11.1811

Hirsch Johann Baptista Joseph Hirsch /
Prem.Ltn. / Rgt. Artillerie / 20.04.1810

Holtzendorf Albr. Ernst Stellanus Graf v.Holtzendorff
SousLtn. / 1.leichtes Rgt. / 02.10.1809

Hoyer Gustav Gottfried v.Hoyer / OberstLtn. /
Rgt. Artillerie / 26.04.1810

Hoyer Johann Gottfried v.Hoyer / Major /
Rgt. Artillerie / 26.04.1810

Hübner Carl Christian Hübner / SousLtn. /
Rgt. Artillerie / 19.01.1810

Jentzsch / Jensch Carl Gustav Siegmund Jentzsch /
PremLtn. / Rgt. Artillerie / 20.07.1810

Kaiser Gustav Adolph Kaiser / PremLtn. /
Rgt. Artillerie / 05.08.1811

Klengel	Heinr. Christian Magnud v.Klengel / Generalmajor / Brigadier / 20.02.1810
Kochtitzky	Carl Wilh. Freih. v.Kochtitzky / PrLtn. Inf.Rgt. Anton / 11.04.1809
Kökkeritz	Wilhelm Heinrich v.Köckritz / Capt. Inf.Rgt. Anton / 13.04.1809
Kotsch	Hanns Wilhelm v.Kotsch / SousLtn. Inf.Rgt. Clemens / 24.02.1810
Lettow	Carl August v.Letrtow / SousLtn. Train-Btl. / 14.10.1809
Liebenau	Christian Friedrich v.Liebenau / Major Gren.Btl. Liebenau / 26.04.1809
Lindemann	Wilhelm Ferdinand Freih. v.Lindemann Rtm. / Husaren-Rgt. / 10.08.1811
Linsingen	Carl Gustav Otto v.Linsingen / SousLtn. Inf.Rgt. König / 08.01.1812
Lobkowitz	Carl Albert Franz Freih. V.Lobkowitz Major / Inf.Rgt. Anton / 18.10.1809
Müller	Carl Friedrich Müller / SousLtn. Inf.Rgt. Clemens / 11.08.1811
Nostitz	Adolph v.Nostitz / SousLtn. Inf.Rgt. Niesemeuschel / 17.08.1809
Oertel	August Albert Oertel / SousLtn. Rgt. Artillerie / 20.03.1810
Otto	Friedrich Wilhelm Otto / SousLtn. Train-Btl. / 11.02.1812
Pilz	Christian Friedrich Pilz / SousLtn. Train-Btl. / 13.02.1812

Plesch   Carl Henrich Plesch / SousLtn.
Rgt. Artillerie / 07.06.1810

Pöllnitz   Gottlob Ludwig v.Pöllnitz / SousLtn.
Train-Btl. / 14.02.1812

Reitzenstein George Christoph v.Reitzenszein /
SousLtn. / Husaren-Rgt. / 24.06.1810

Roch   Carl August Roch / Prem.Ltn. /
Sappeur-Kpn. / 10.06.1810

Rüger   Johann Conrad Wilh. Rüger / SousLtn. /
Rgt. Artillerie / 24.03.1810

Roos   Friedrich Roos / Capitän /
Inf.Rgt. Anton / 23.06.1811

Ruvroy   Carl Heinrich Rouvroy / Capt. /
Rgt. Artillerie / 05.12.1810

Ryßel   Friedrich Carl v.Ryßel / OberstLtn.
Intendant / 30.07.1812

Schaffel   August Samuel Scheffel / PremLtn.
Rgt. Zastrow Kürassiere / 27.07.1810

Saltza   Friedrich v.Salza u. Lichtenau / SousLtn.
Clemens-Ulanen / 09.09.1811

Schellig   Carl Friedrich August Schellig / SousLtn.
2.leichtes Inf.Rgt. / 17.04.1810

Schmidt   Friedr. Anton Gottlieb Schmidt / Rgt.s-
Chirurg / Inf.Rgt. Friedrich / 28.01.1807

Schmidt   August Schmidt / Prem.Ltn. /
Rgt. Artillerie / 22.04.1810

Scholtz   August Adolph Heinrich / SousLtn.
Rgt. Artillerie / 10.06.1810

Schubauer Friedrich Leopold Schubauer / SousLtn.
Inf.Rgt. Clemens / 12.03.1812

Schulze Carl Friedrich Schulze / SousLtn.
Rgt. Artilerie / 16.06.1810

Schultze Moritz Schulze / SousLtn.
2.leichtes Inf.Rgt. / 07.11.1811

Sigismund Christian Gottfried Ludwig Sigismund /
Capitän / Rgt. Artillerie / 23.03.1803

Sommerfeldt Johann Friedrich Rodolph Sommerfeldt
PrLtn. / 1.leichtes Inf.Rgt. / 10.10.1809

Sonntag Gotthelf Immanuel Sonntag / Capt.
Rgt. Artillerie / 03.08.1811

Sperl Christian Gottlob Wilhelm v.Sperl / Capt.
1.leichtes Inf.Rgt. / 06.10.1809

Stünzner August Wilhelm Stünzner / Major
Adjoint Generalstab / 29.05.1810

Tennekker Christian Ehrenfried Seifert v.Tennecker
Major / Kdr. Train-Btl. / 09.02.1812

Tippmann Johann Benjamin Gottlob Tippmann /
SousLtn. / Rgt. Artillerie / 16.01.1810

Trübenbach Felix Gotthelf Trübenbach / Auditeur
Inf.Rgt. Maximilian / 03.10.1804

Vogel Johann Heinrich Vogel / PremLtn.
reitende Artillerie-Brig. / 03.05.1810

Wedel Adolph Eduard Ludwig v.Wedell /
SousLtn. / 1.leichtes Inf.Rgt. /
18.08.1811

Weinhholdt Friedrich Christian Ludwig Weinholdt /
PremLtn. / Rgt. Artillerie / 30.04.1810

Weiße/Weise Moritz Ludwig Weise / PremLtn. /
Rgt. Artillerie / 04.05.1810

Weißer Johann August Benjamin Weißer / Capt. /
Rgt. Artillerie / 11.05.1809

Winkel Carl Leopold a.d.Winckel / SousLtn. /
Inf.Rgt. Anton / 31.01.1810

Die im Text benannten Oberstleutnant Thielen, Capitän Arnnstorf sowie die Leutnants Hofmeister, Hoyer und Schön sind in der Rangliste von 1812 nicht verzeichnet.

Einen Ltn. v.d. Planitz gibt es in der Rangliste 7 mal, so dass eine Zuordnung nicht möglich ist.

Quellen

Aster Tagebuch aus dem Jahr 1812 aus dem Familienarchiv Ernst-Ludwig v.Aster

Hauptstaatsarchiv Dresden
11 342 Artillerie No.3 namentliche Bestandsliste Mannschaften 02/12 – 10/13 11 242 Monatslisten No.220 Generalstab und Intendanz

Karte A new map of the Kingdom of Poland - London 1787

Stamm- und Rangliste der Kön: Sächsischen Armee auf das Jahr 1812 – Dresden 1812

Titze Das sächsische Artillerie-Korps: Das Regiment Artillerie zu Fuß, die reitende Artillerie-Brigade und die Handwerker-Kompanie 1810 -1813 – Norderstedt 2012

Titze Das sächsische Artillerie-Korps: Das Train-Bataillon 1810 -1813 – Norderstedt 2012

Titze 1812 – Die Sachsen in Rußland – Norderstedt 2012

<u>In der Reihe:</u>

Beiträge zur sächsischen Militärgeschichte zwischen 1793 und 1813

<u>sind bisher erschienen:</u>

No.15 *Das sächsische Ingenieur- und Pionierkorps 1806 – 1809 (in Vorbereitung)*

No.16 *Der Generalstab und die Branchen der Intendanz 1810 – 1813 (in Vorbereitung)*

No.17 Unterricht für die Scharfschützen bey der Churfürstlich sächsischen Infanterie vom Jahre 1804 (Reglement)

No.18 Reglement für die Königlich Sächsische leichte Infanterie zu den Uebungen außer der geschlossenen Ordnung vom Jahre 1810

No.19 1812 – Die Sachsen in Rußland / Der Feldzug in den Tagesbefehlen des Generalstabes und der Intendanz – Ein Beitrag zur inneren Truppengeschichte

No.20 *Die leichten Infanterie-Regimenter, die Regimentsschützen und das Jägerkorps 1810 - 1813 (in Vorbereitung)*

No.21 Das Tagebuch von Ernst Ferdinand Aster aus dem Jahre 1812

Für weitere Informationen:

www.oberst-lieutenants-compagnie.de